Reinhold Ruthe
Peter Glöckl

Alkohol in Ehe und Familie

Was die Familie tun kann

Blaukreuz-Verlag Wuppertal
Blaukreuz-Verlag Bern

Reinhold Ruthe, geboren 1927 in Löhne (Westfalen), ist Eheberater (EZI) und Psychotherapeut für Kinder und Jugendliche (DGIP) und Ausbildungsleiter des Instituts für beratende und therapeutische Seelsorge in Velbert.
Peter Glöckl, geboren 1959 in München, Diplom-Sozialpädagoge, ist als Erwachsenenbildungsreferent im Blauen Kreuz in Deutschland für die familienpädagogische Arbeit verantwortlich.

Hinweis zum Sprachgebrauch:
Beiden Geschlechtern sprachlich gerecht zu werden, würde häufig sehr umständliche Formulierungen ergeben und durch Doppelformulierung das Lesen erschweren. Deshalb haben wir als *Gattungsbegriff für beide Geschlechter* meist den „männlichen" Sprachstil gewählt. Gemeint sind in jedem Falle Männer *und* Frauen.
Beispiel: „Der Alkoholabhängige und sein Partner" bedeutet „der Alkoholabhängige und seine Partnerin" oder „die Alkoholabhängige und ihr Partner". Die Schreibweise „Der/die Alkoholabhängige und sein/e/ihr Partner/in" wollten wir unseren Leserinnen und Lesern nicht zumuten.

Die Deutsche Bibliothek – CIP-Einheitsaufnahme

Alkohol in Ehe und Familie : [was die Familie tun kann] / Reinhold Ruthe/Peter Glöckl. – 3., erw. Aufl. – Wuppertal : Blaukreuz-Verl. ; Bern : Blaukreuz-Verl., 1995
Früher u.d.T.: Ruthe, Reinhold: Alkohol in Ehe und Familie
ISBN 3-89175-121-4 (Wuppertal ...) kart.
ISBN 3-85580-351-X (Bern ...) kart.
NE: Ruthe, Reinhold; Glöckl, Peter

3., erweiterte Auflage 1995

Umschlaggestaltung: Eberhard Platte
Fotosatz: Blaukreuz-Verlag Wuppertal
Abbildung S. 67: Karl Lask/Peter Krebs
Druck und Herstellung: St. Johannis-Druckerei, Lahr

ISBN 3 89175 121 4 Blaukreuz-Verlag Wuppertal
ISBN 3 85580 351 X Blaukreuz-Verlag Bern

Inhaltsverzeichnis

B. Alkoholabhängigkeit als Familienproblem

C. „Familienspiel" Co-Alkoholismus

D. Erwachsene Kinder aus Alkoholikerfamilien

A. Die Ehe des Alkoholabhängigen

Reinhold Ruthe

1. Zusammenspiel von Mann und Frau

Alkoholismus ist seit Jahrhunderten eine Geißel der Menschheit. In den letzten Jahrzehnten hat er solche Ausmaße angenommen, daß man mit Fug und Recht von einer Volkskrankheit sprechen kann. Wenn in Deutschland 2,5 Millionen alkoholkranke Männer, Frauen und Jugendliche leben, wird deutlich, wieviele Ehen und Familien mit schwersten Konflikten zu kämpfen haben. Zu den Alkoholabhängigen selbst müssen wir etwa sieben Millionen Mitbetroffene zählen. Besonders die Ehepartner und Kinder werden durch die Abhängigen in Mitleidenschaft gezogen.

Seit Jahren versuchen wir herauszufinden, was Ehepartner anstellen, um ein Suchtverhalten erfolgreich zu etablieren. Seit die Kommunikationsforschung die Probleme der Menschen immer mehr in die Beziehungen verlegt und eine innerseelische Problematik kaum noch vermutet, werden neue Zusammenspiele entdeckt, die Mann und Frau arrangieren, um mit einer süchtigen Abhängigkeit leben zu können. Selbstverständlich will der Partner des Alkoholabhängigen nicht bewußt und rachgierig seinen liebsten Menschen zugrunderichten. Er würde sich zu Recht gegen eine solche Unterstellung wehren, aber er bringt doch Persönlichkeitsmerkmale mit, die dem Suchtmittelabhängigen auf der ganzen Linie entgegenkommen. Wir gehen davon aus, daß eine

Paarbeziehung dann als krank bezeichnet werden muß, wenn

- das Beziehungssystem geschlossen und starr funktioniert,
- der eine Partner hilfsbedürftig und der andere zum vollverantwortlichen Helfer wird,
- ein Partner die Unfähigkeit signalisiert, sich in der Beziehung entwickeln zu können,
- die Beziehung so angelegt ist, daß beide an einem falschen Zusammenspiel festhalten müssen, um diese nicht zu gefährden.

2. Symptomträger und Symptompfleger

Der Alkoholabhängige und sein Partner sind in der Regel stärker miteinander verzahnt als wir glauben: Beide haben sich gesucht und gefunden, entsprechen einander, spielen sich perfekt in die Hände, sind ungewollt zu Komplizen geworden und brauchen einander.

In den letzten Jahren verzichten immer mehr Fachleute darauf, den Alkoholabhängigen allein zu behandeln, wenn er verheiratet ist. Sie wissen: Zum Symptomträger gehört ein Symptompfleger, zum Hilflosen ein Helfer und zum Leidenden ein Leidenspfleger.

Ein Kranker und ein Helfer finden und ergänzen sich. Die Bedürfnisse beider Partner greifen nahtlos ineinander. Individualpsychologisch verstehen wir das so: Zwei Lebensstile, zwei Lebenspläne, zwei Bewegungsgesetze, zwei individuelle Weltanschauungs- und Lebensdeutungsschablonen sind so konzipiert, daß sie ein optimales Reißverschlußmuster abgeben. Sie binden zwei Teile, zwei Personen und zwei Lebensschicksale lückenlos aneinander.

Die Ziele und Wünsche zweier Menschen entsprechen sich. Zwei Ergänzungssysteme kooperieren: Ein Spender und ein Empfänger, ein Passiver und ein Aktiver, ein Regressiver und ein Dominanter, ein Verwöhnter und ein Verwöhnender, ein Selbstsüchtiger und ein Selbstloser.

Es ist keine Bosheit, den Partner des Alkoholabhängigen mit zur Verantwortung zu ziehen. Er hat nicht den „Schwarzen Peter“, aber er ist unbewußt zum Kumpel und Komplizen geworden.

Es ist sehr schwer, dem Kompagnon, der mit dem Kranken ein gemeinsames „Geschäft“ betreibt, diese Zusammenhänge klarzumachen. Verständlicherweise wehrt er sich mit Händen und Füßen, solche herausfordernden Unterstellungen anzunehmen. Daher ist es unabdingbar, die Ehe zu behandeln, die Symptomträger-Symptompfleger-Beziehung zu verändern.

Frau M., die seit Jahren mit einem Alkoholabhängigen verheiratet ist, kommt in die Beratung. Sie ist 38 Jahre alt, ihr Mann 43. Sie haben drei Kinder im Alter von 13, 11 und 9 Jahren. Frau M. wirkt leidend, abgehärmt und nervös. Sie zeigt fahrige Bewegungen und ihr linkes Augenlid zuckt auffällig, wenn sie mit mir spricht. Sie möchte lediglich einen Rat, was sie besser machen kann. Auf alle Fälle darf der „Fall“ aber nicht ruchbar werden. Die Firma, die Verwandtschaft, Nachbarn und weitläufige Freunde sollen von der Schande nichts erfahren. Nach drei Gesprächen ist auch Herr M. bereit, einmal mitzukommen. Herr M., Prokurist in einer Elektrofirma, hat seit Jahren viel Ärger mit der Geschäftsleitung, die seit langem ständige Umsatzrückgänge zu beklagen hat. Die leitenden Herren seien unfreundlich geworden, drohten mit Entlassungen, kontrollierten ständig die Mitarbeiter und Angestellten und stilisierten kleinere Fehler in der Verwaltung, die Herr M. zu verantworten hätte, zu größeren Skandalen hoch.

Frau M. kann dies sehr einfühlsam berichten, Herr M. bestätigt das nickend und ergänzt etwas lustlos diese oder jene Nuance und malt die Sache selbstverständlich noch schwärzer. Er versteht es, die Wirtschaftssituation so darzustellen – die leidige Konkurrenz, die Übersättigung des Marktes usw. –, daß jeder bereit ist, Herrn M. mildernde Umstände einzuräumen.

Eines Tages fing Herr M. abends zu trinken an. Er wollte den beruflichen Ärger vergessen und abtöten. Von da an genehmigte er sich jeden Abend etwa eine halbe Flasche Gin und noch zwei Flaschen Bier dazu. Morgens trank er nach dem Frühstück zwei Klare, um mit den bevorstehenden Schwierigkeiten besser umgehen zu können. „Wissen Sie, ich bin dann etwas unbeschwerter und nehme dann vieles leichter." Frau M. hatte in der Küche im Besenschrank ein verstecktes Fach ausgeräumt, wo ihr Mann die Flaschen vor den Kindern verbergen konnte.

Hatte Herr M. dann am frühen Abend seine Alkoholration vertilgt, war er in der Regel für seine drei Kinder nicht mehr ansprechbar. Wenn sie aber drängten und etwas mit ihm besprechen wollten, wurde er jähzornig, schlug auf den Tisch, schrie durch die Wohnung und hatte anschließend Ruhe.

Seine Frau knöpfte sich jeden Abend die Kinder vor und beschwor sie, den Vater zu verstehen, der viel arbeiten müsse und viel Ärger in der Firma hätte. Sie entschuldigte ihn und nahm ihn rückhaltlos in Schutz. Auch die Nachbarn, die rechts und links in Reihenhäusern wohnten, waren längst von Frau M. „aufgeklärt“, daß ihr Mann einen schweren Stand in der Firma hätte und abends „schon mal“ zu heftigen Jähzornsausbrüchen neige, um sich abzureagieren. Leider müßten dann die Kinder den Spektakel ausbaden. Aber das sei in der heutigen stressigen Gesellschaft wohl nicht zu verhindern.

Immer häufiger wurden die Wochenenden zu Alpträumen. Herr M. betrank sich sinnlos und randalierte, motzte und tyrannisierte die Familie. Jede Kleinigkeit nahm er zum Anlaß, die Flasche anzusetzen. Er verstand es meisterhaft, die Ehefrau und die Kinder ins Unrecht zu setzen, um dann guten Gewissens trinken zu können.

Dann geschah es immer häufiger, daß er montags im Bett liegenblieb; er war angeblich nicht in der Lage aufzustehen. Von dem anstrengenden Wochenende und dem Ärger mit der Familie sei er so geschafft, daß er ein oder zwei Tage ausspannen müsse. Frau M. rief in der Firma an und erfand die glaubhaftesten Entschuldigungen für ihren Mann. Sie tat alles, um ihn zufriedenzustellen und ihm keinen Anlaß zur Kritik zu geben.

Eine Zeitlang trank sie abends oder am Wochenende sogar mit, um ihm das Gefühl zu geben, ganz bei ihm zu sein. Aber auch der andere Gedanke bewegte sie, ihren Mann damit eher vom Trinken abzubringen.

3. Was zeigt diese eheliche Symptomträger-Symptompfleger-Beziehung?

3.1 Der Ehepartner wird zum Handlanger

Frau M. spiegelt die Rolle eines stillen Teilhabers wider. Das Zusammenspiel funktioniert so reibungslos, daß sie alle Schwierigkeiten aus dem Weg räumt, um dem Alkoholabhängigen das Leben zu erleichtern. Anders ist nicht zu verstehen, daß Alkoholabhängige häufig ihr Suchtverhalten relativ lange ungestört fortsetzen können.

3.2 Der Ehepartner entschuldigt alles

Der Alkoholabhängige kann sich keine zuverlässigere Komplizin vorstellen. Er muß sich keine Begründungen und Ausreden vor den Kindern einfallen lassen. Alles besorgt der Ehepartner. Es ist nicht nur die Angst, in der Nachbarschaft und in der erweiterten Familie bloßgestellt zu werden, auch die „Schande" der Familie soll möglichst spurenlos vertuscht werden. Der Partner entschuldigt alles, weil er bedingungslos zu seinem trinkenden Ehepartner halten will. Durchaus ohne Hochmut strickt er an seiner moralischen Überlegenheit.

3.3 Der Ehepartner ist von seiner Haltung überzeugt

Es ist keineswegs so, daß Frau M. dem Partner von A bis Z mißtraut. Nein, sie ist so vom Streß und Ärger ihres Mannes überzeugt, daß sie bei den Kindern, Nachbarn, Freunden und Bekannten den Partner glaubhaft in Schutz nehmen kann, so daß sich alle Genannten oft jahrelang von dem tragischen Zusammenspiel der Eheleute täuschen lassen. Frau M. zitiert in der Beratung den Wilhelm-Busch-Ausspruch: „Wer Sorgen hat, hat auch Likör!" Sie versteht die Sorgen ihres Mannes und bejaht, daß er Alkohol nimmt, um seinen Kummer zu vertreiben.

3.4 Der Ehepartner macht es dem Trinker unmöglich, seine Situation klar zu erkennen

Diese seelische Hilfestellung und tragische Komplizenschaft verhindern es, daß der Alkoholabhängige seine Realität wahrnimmt und Konsequenzen zieht. Solange

Herr M. beschützt, bemuttert und betreut wird, kann er das Selbstzerstörerische seines Suchtverhaltens nicht erkennen.
Außerdem kommt der Partner seinem Lebensstil, den er bereits seit Kindertagen lebt, entgegen. Herr M. hat ja eine Mutter gehabt, die ihm Schwierigkeiten im Leben ausräumte, die ihn in Schutz nahm, verteidigte und entschuldigte und dadurch verhinderte, daß ihr Sohn selbstverantwortlich für alle Fehler und Verhaltensweisen einstand. Mit sicherem Instinkt hat Herr M. den Partner gewählt, der auch diesen Lebensstil pflegt und damit eine Lebensstilkorrektur verhindert. Herr M. hat seit Kindertagen trainiert, was er sagen und machen muß und welche Arrangements er zu treffen hat, um verwöhnende und beschützende Verhaltensweisen beim Partner auszulösen. Wer die Erfahrung gemacht hat, der Mutter die Verantwortung für alle Probleme aufhalsen zu können, wird unbewußt einen Lebenspartner suchen, der diesen Part zuverlässig weiterspielt. Herr M. war in dieser Hinsicht erfolgreich.

3.5 Der Ehepartner unterliegt einem falschen Denken

Er glaubt, der Alkoholabhängige sei schutzbedürftig, schwach, zu sehr belastet usw. Dieses falsche Denken fordert eine entsprechende Antwort heraus. Der Alkoholabhängige hat in seiner Kindheit, und zwar in der Mutter-Kind-Beziehung – schon der Mutter zuliebe – den Schwachen, Hilflosen und Nichtverantwortlichen gespielt. Nun fühlt er sich in seiner Lebensgrundeinstellung bestätigt: schwach, streßgeplagt, belastungs- und druckempfindlich zu sein. Wenn der Lebenspartner also diese Betreuungsstrategien fortsetzt in der festen Überzeugung, das einzig Richtige zu tun, verhindert er positive

Einsichten beim Alkoholabhängigen und somit eine Lebensänderung.

Alfred Adler hat diese falsche Denken so umschrieben: „Nicht die Tatsachen bestimmen unser Leben, sondern wie wir sie deuten." Die Tatsache der Suchtmittelabhängigkeit ist die Folge eines falschen Denkens, das unter Umständen schon bei der Mutter begonnen hat, die in die Kinder Schwäche und Hilflosigkeit hineingeschaut hat. Welches Kind wird wohl auf solche Vorzüge verzichten wollen?

In der Beratungspraxis ist das Entsprechungsverhalten bei kleinen Kindern gut zu beobachten. Ein Kind wird von der Mutter zur Behandlung gebracht. Es klammert sich hilflos, weinerlich und schutzsuchend an die Mutter. Diese sendet sofort den entsprechenden Trost und vermittelt die erwarteten Streicheleinheiten.

In der Einzelbehandlung – ohne die Mutter – verändert das Kind oft ruckartig sein Verhalten. Es handelt und spricht vernünftig, wirkt stark und gefestigt, spielt selbstvertrauend und zeigt keine Hilflosigkeit, weil niemand bereit ist, darauf einzugehen. Sowie das Kind die Mutter nach der Behandlung wieder zu Gesicht bekommt, verfällt es – wie durch einen Zauber angerührt – urplötzlich in die hilflose, weinerliche und Zuwendung erheischende Haltung. Mutter und Kind spielen perfekt zusammen, erfüllen ihre gegenseitigen Erwartungen und bestätigen sich gegenseitig in ihrem falschen Denken.

3.6 Das Herrscherverhalten

Wer als Ehepartner herrschen und führen will, weil es seinem Lebensstil entspricht, kann sich nur Schwache und Abhängige zu Partnern wünschen. Je tyrannischer aber die Peitsche geschwungen wird, desto eher können sich Suchtprobleme entwickeln. Die Abhängigkeit wird zur versteckten Kriegserklärung gegen den Partner. Die Alkoholsucht wird zur Waffe, mit der die Herrschsucht in ihre Schranken verwiesen wird. Der Herrschsüchtige soll durch den Alkoholkonsum des Partners in die Knie gezwungen werden.

Solche Kämpfe können sich jahrelang hinziehen, weil jeder den anderen zur Strecke bringen will. Der Herrschsüchtige gibt nicht auf, weil die Beherrschung des anderen zu seinem unaufgebbaren Lebensziel gehört. Der Trinker produziert immer neue Niederlagen, um dem Partner seine Ohnmacht vor Augen zu führen.

4. Interaktionsspiele

Wie Symptomträger und Symptompfleger sich perfekt in die Hände spielen, macht Gertrud Sandmann deutlich, die die Verhaltensweisen und Aussagen der Eheleute gegenüberstellt. „Deutlich wird, daß es zwecklos ist, einem der beiden die größere Schuld in die Schuhe zu schieben. Die Aussagen des Partners sind jeweils für den anderen eine Herausforderung, das Alkoholikerspiel aufrechtzuerhalten.“ [1]

Symptomträger	*Symptompfleger*
Ich trinke, weil du so schimpfst.	Ich schimpfe, weil du so trinkst.
Ich trinke, weil du so ab-abweisend bist.	Ich bin abweisend, weil du so trinkst.

Ich trinke, weil du so dominierend bist.

Ich bin so dominierend, weil du so trinkst.

Ich trinke, weil du so auf die Kinder hörst.

Ich höre auf die Kinder, weil du so trinkst.

Ich trinke, weil du zu deinen Eltern hältst.

Ich halte zu meinen Eltern, weil du trinkst.

Ich trinke, weil du mich so allein läßt.

Ich lasse dich allein, weil du so trinkst.

5. Vier Arten von Komplizenschaft

In diesem Beitrag wird schwerpunktmäßig der Ehepartner als Komplize herausgestellt. Aber es gibt auch andere Kompagnons, die mit dem Trinker gemeinsame Sache machen.

Der Diplompsychologe Martin Hambrecht, der in verschiedenen Therapiegemeinschaften gearbeitet hat, stellt vier „Krankheitskomplizenschaften“ vor.[2] Sie machen deutlich, daß beide Eltern für ihre Kinder, Kinder für ihre Eltern, Geschwister füreinander und Freunde, Vorgesetzte und Arbeitskollegen gegenseitig zu „Co-Alkoholikern“ werden können. Co-Alkoholiker sind also Partner, die dafür sorgen, daß die Sucht aufrechterhalten wird und sie ungewollt zu verschwiegenen Mithelfern werden.

5.1 Der väterliche Co

Nach Hambrecht übernimmt er Aufgaben und Pflichten für den Partner, weil er ihn für unfähig hält, Selbstverantwortung zu tragen. Er strebt an, den Partner zu verändern, ihn zu belehren und als Vorbild auf ihn einzuwirken. Väterliche Co-Alkoholiker müssen nicht die leiblichen Väter sein. Ältere Personen, auch Frauen, die dieses Lebensstilgrundmuster in sich tragen und ausleben, finden im Leben oft die Möglichkeit, ihre Bedürfnisse zu kultivieren.

5.2 Der mütterliche Co

Er ist das Gegenüber des Alkoholikers, das ihn pflegt, umhegt und in Sorge für ihn aufgeht. Der mütterliche Co hält den Alkoholabhängigen für schwach und schutzbedürftig und muß ihn vor der „bösen Welt“ bewahren. Selbstverständlich hat der Alkoholabhängige nichts Dringenderes zu tun, als dieser mütterlichen Vorstellung zu entsprechen.

5.3 Der kumpelhafte Co

Er macht gemeinsame Sache mit dem Alkoholabhängigen, drückt ein Auge zu und macht um der Freundschaft und des lieben Friedens willen alles mit. Von ihm kommen allenfalls aufmunternde oder beruhigende Floskeln.

5.4 Der berufliche Co

Er ist der sozial Engagierte, der sich in seiner Berufsrolle im Gesundheits- und Sozialbereich dem Abhängigen verpflichtet fühlt. Hat der berufliche Co dann das Bedürfnis, im Helfenwollen seine Bestätigung und Anerkennung zu finden, ist wieder die perfekte Verstrickung da. Jeder benutzt jeden. Der eine will betreut werden, der andere erfährt in der Fürsorgeausübung seine Bestätigung.

6. Welche Motive treiben den Komplizen?

Wer seine wahren Motive nicht durchschaut, wird leicht zum fatalen Helfer. Er schliddert in eine Komplizenschaft hinein, die den Abhängigen noch abhängiger macht und sein Elend vergrößert. – Folgende unverstandenen Lebensziele, Wünsche und Motive können das Komplizenverhalten von Ehepartnern, Eltern, Geschwistern, Freunden und Kumpeln hervorrufen:

6.1 Das Helfersyndrom

Der Psychoanalytiker Wolfgang Schmidbauer hat es ausführlich beschrieben.[3] Ein Ehepartner, der eine Helferfunktion übernimmt und sich in dieser Rolle – uneingestanden – wohlfühlt, baut eine Komplizenschaft mit dem Abhängigen auf. Der Helfer fühlt sich geliebt, wenn er etwas leistet, wenn er sich liebevoll und freundlich für andere einsetzt.

6.2 Das Bedürfnis, bestätigt zu werden

Wer ein Defizit an Anerkennung und Bestätigung in seiner Kindheit erfahren hat, versucht durch Fürsorge, Aufmerksamkeit, Mütterlichkeit und Verständnis Dankbarkeit und Wohlwollen zu erhalten. Dazu gehört aber ein Mensch, der bedürftig ist und das gesamte Zuwendungsmuster in Gang setzt.

6.3 Die bewunderte Tugendhaftigkeit

Nicht wenige Menschen verspüren einen unwiderstehlichen Drang, sich durch Tugendhaftigkeit auszuzeichnen. Rudolf Dreikurs hat besonders die Ehefrau des Trinkers im Auge, die öffentliche Sympathien und Bewunderung einheimst, wenn er schreibt: „Die Frau eines Trinkers, Gegenstand öffentlicher Sympathie und Bewunderung wegen ihrer Ausdauer und Treue, hat oft mehr zu dieser Familiensituation beigetragen, als irgend jemand vermuten könnte. Oft genug wählt eine ehrgeizige und tüchtige Frau einen schwachen und unbeständigen Mann. Während sie sich ihrer Anstrengung rühmt, ihn zu lieben und zu ‚retten', preist sie sich tatsächlich nur wegen ihrer Tugendhaftigkeit und seiner Schwäche".[4]

6.4 Das Märtyrer-Syndrom

Die masochistische Leidenssucht, die aus Leiden Kapital schlägt, findet sich in Trinkerehen häufig. Darum schreibt die Individualpsychologin Edith A. Dewey:

„Keine Stärke ist größer als die Stärke der Schwäche! In der Märtyreratmosphäre demonstriert der ‚Märtyrer', wie brutal andere sind und wie ‚unschuldig' und ‚hilflos' er ist. Der Märtyrer ist im Grunde ein Pessimist, der geringe Selbstachtung besitzt und sich zu erheben versucht, indem er auf andere hinabsieht und seine Leiden betont ... Ein Prototyp des Märtyrers ist die engelhaft gute Frau des Alkoholikers, die auf ihren schlimmen Mann hinabsieht. Wenn diese Ehe scheitert, wird sie einen anderen ‚minderwertigen' Mann finden, um ihr edles Sein fortsetzen zu können."[5]

Masochismus ist ein Symptom für verstärkte Minderwertigkeitsgefühle. Der Masochist benutzt den Schwachen und Abhängigen, um selbst oben zu stehen. Das Überlegenheitsstreben des Masochisten ist vordergründig nicht erkennbar.

6.5 Das Wiedergutmachungs-Syndrom

Ehepartner, die in ihrer Kindheit selbst zu kurz gekommen

sind, und zwar durch Krieg, Schicksalsschläge im Elternhaus, Tod von Angehörigen, schlechte Behandlung und vieles andere mehr, entwickeln oft Züge im Lebensstil, erlittenes Unrecht an Kindern oder Lebenspartnern wiedergutzumachen. Sticht dieser Zug hervor, wird der zukünftige Lebenspartner schon unter diesem Gesichtspunkt ausgewählt.

Damit der Trinker-Lebensstil und der Wiedergutmachungs-Lebensstil nahtlos ineinandergreifen, entwickelt der Trinker Bestrafungstendenzen, um den Partner zu vermehrter Wiedergutmachungsaktivität zu verleiten. Helge Fester-Waltzing berichtet aus ihrer Arbeit mit alkoholabhängigen Männern vom typischen Lebensstil eines Trinkers, der mit einem Wiedergutmachungspartner vortrefflich kooperieren würde. Sie schreibt:

„Patient M. (35jährig) lebt bis vor dem Klinikaufenthalt noch bei seinen Eltern. Es ist sein Leben lang sein Ziel gewesen, ein braver, lieber, hilfsbereiter Junge zu sein, um vollständige Versorgung zu erlangen ... Der Patient wagt immer nur indirekt, seine Unabhängigkeitswünsche kundzutun, indem er durch das Trinken seinen Eltern zeigt: ‚Ich mußte immer tun, was ihr wolltet; jetzt seht ihr das Ergebnis, jetzt bin ich zum Trinker geworden.‘ Der Alkohol ist ein Mittel zum Strafen geworden.“[6]

6.6 Das Beglücker-Syndrom

Viele nichtabhängige Ehepartner sind in ihrer Grund- und Lebenshaltung optimistisch, außerordentlich lebensbejahend und tatendurstig. Sie sind es von Kindheit an gewöhnt, Schwierigkeiten bei den Hörnern zu packen und sie zu meistern. Ihre unängstliche und zupackende Gesinnung, die mitreißt, findet darin ihre Anerkennung, daß sie Schwache, Initiativlose und Ängstliche in ihren

Bann zieht und ermutigt. Sie glauben an sich und brauchen die Gegentypen, die von ihrem Optimismus und ihrer grenzenlosen Zuversicht fasziniert sind. Diese Beglücker fühlen sich besonders geschmeichelt, wenn Schwache und Initiativlose ihre Lebensart bewundern.

Wieder ist ein eheliches Zusammenspiel komplett. Wenn sich dann der Schwache im Dunstkreis des Beglückers als Trinker herausstellt, benutzt der Abhängige seine Schwächen, um seinen Beglücker zu immer neuen Ermutigungen anzutreiben. Daß der Optimist und Lebenskünstler eines Tages alle seine Kräfte eingebüßt hat, gehört auch zum tragischen Spiel dieser Eheleute.

6.7 Die eigene Bedürfnislosigkeit

Wenn der nichtabhängige Ehepartner ein Mensch ist, der für sich keine Wünsche und Bedürfnisse anmeldet, der glücklich ist, nur für den anderen dasein zu können, stellt das nicht etwa eine christliche Tugend, sondern ein falsches und gestörtes Verhalten dar. Der Kardinalsatz des Alten und Neuen Testamentes, der das Verhältnis von Selbstliebe und Nächstenliebe klärt, lautet: „Liebe deinen Nächsten wie dich selbst.“ Geben und Nehmen, Schenken und Beschenktwerden, Befriedigen und Befriedigtwerden sind im Gleichgewicht. Wer nur aus dem anderen lebt, macht sich von ihm abhängig. Er hat sein Eigenleben aufgegeben und verliert seine Identität. Der suchtmittelabhängige Partner *muß* ja Schwächen produzieren, damit der andere auf seine Kosten kommt. Würde der abhängige Partner plötzlich gesund und würden seine Abhängigkeitssymptome auf allen Gebieten verschwinden, wäre der Partner „arbeitslos“. Er käme vermutlich in eine schwere Lebenskrise, weil er das Gefühl hätte, überflüssig zu sein.

7. Spielregeln ändern – aber wie?

Wenn die Ehe, die durch die gegenseitige Verklammerung und durch den Alkohol bedroht ist, nicht scheitern soll, müssen sich *beide* Partner in eine Therapie begeben. Allerdings ist der Alkoholkranke in der Regel der Letzte, der geht. Er versteht es meisterhaft, Entschuldigungen für seine Lage zu finden. Hilfreich ist es aber in jedem Fall, wenn der nichtabhängige Partner eine Beratungsstelle aufsucht und seinen Anteil an dem neurotischen Zusammenspiel aufarbeitet.

Da Alkoholismus eine Beziehungsstörung ist, hat jede Therapie Erfolg, die das unheilvolle Zusammenspiel unterbricht. Wenn der nichtabhängige Partner deutlich sein Verhalten und sein Ziel ändert, kann der abhängige Partner nicht bleiben, wie er ist: Das Zusammenspiel klappt nicht mehr. Die Komplizenschaft erfährt eine Störung. Das perfekte Hand-in-Hand-Spiel bricht ab. Eine Änderung der Ziele ist für beide Partner zwar schwer, aber erreichbar. Auch der nichtabhängige Teil hat ja bisher einen Nutzeffekt aus der Betreuung des Alkoholabhängigen gezogen.

8. Neuorientierung ist möglich

Der schon zitierte Martin Hambrecht hat eine Liste von Fragen zusammengestellt, die besonders dem nichtabhängigen Ehepartner Gelegenheit bietet, sich mit „richtigem“ und „falschem“ Helfen in der Partnerschaft auseinanderzusetzen. Es sind zum Teil typische Reaktionen, die ein falsches Helferverhalten deutlich machen und deren Erkennen Ihnen eine gute Orientierung für Ihr zukünftiges Verhalten vermittelt. Nutzen Sie diese Fragen zur Selbstprüfung!

1. Haben Sie oft besser als Ihr Partner gewußt, was gut für ihn ist?
2. Machen Sie sich häufig Sorgen über Ihren Partner?
3. Getrauen Sie sich oft nicht zu zeigen, daß es Ihnen schlecht geht?
4. Haben Sie manchmal das Gefühl, alles könnte zusammenbrechen, wenn Sie es nicht zusammenhalten?
5. Haben Sie sich manchmal so sehr mit dem Verhalten Ihres Partners befaßt, daß Sie nur noch wenig Aufmerksamkeit für sich selbst hatten?
6. Empfinden Sie Verantwortung für die Probleme Ihres Partners?
7. Versuchen Sie, auf Ihren Partner Optimismus auszustrahlen?
8. Haben Sie schon einmal Ihre ganze Energie darauf verwandt, jemand ändern zu wollen?
9. Machen Sie Ihrem Partner häufig Vorwürfe?
10. Gebrauchen Sie bisweilen Notlügen, um Ihrem Partner zu helfen?
11. Haben Sie Ihre eigenen Ziele häufig hintenangestellt?
12. Haben Sie schon oft den Wunsch verspürt, sich einfach auch einmal gehenlassen zu können?
13. Hoffen Sie manchmal, daß Ihr Partner Ihnen zuliebe seine Symptome aufgibt?
14. Haben Freunde gelegentlich zu Ihnen gesagt: „Jetzt denk auch mal an dich!"?
15. Versuchen Sie öfter, Ihrem Partner negative Konsequenzen seines Tuns zu ersparen und diese selbst auf sich zu nehmen?

16. Ist es für Sie riskant, sich offen und frei auszudrücken, weil Sie Reaktionen Ihres Partners fürchten?
17. Wenn Sie nach Ihren eigenen Wünschen und Bedürfnissen fragen, fällt Ihnen dann nur wenig ein, was Sie ausschließlich für sich möchten?
18. Neigen Sie dazu, die Probleme von anderen zu Ihren eigenen zu machen?

Seien Sie nicht bedrückt, wenn Sie sich hierin wiedererkannt haben. Nutzen Sie statt dessen die neugewonnenen Einblicke in Ihr Verhalten zur Kurskorrektur, Schritt für Schritt. Dadurch finden Sie zur echten, wirksamen Hilfe für Ihren abhängigen Ehepartner – nicht zuletzt auch für sich selbst. Bitten Sie Gott um seine Kraft für ein gutes Gelingen – eingedenk seines gültigen Maßstabes: Liebe deinen Nächsten wie dich selbst!

Literaturhinweise

1 Gertrud Sandmann: Möglichkeiten der Paartherapie während eines Angehörigenseminars in einer Fachklinik für suchtkranke Männer, in: Familienbehandlung bei Suchtkranken, Lambertus-Verlag, Freiburg 1980, S. 71

2 Martin Hambrecht, Wenn Helfer zu Komplizen werden, in: Psychologie heute Nr. 5/1982, S. 28 ff.

3 Wolfgang Schmidbauer, Die hilflosen Helfer, Rowohlt-Verlag, Reinbek 1977

4 Rudolf Dreikurs, Die Ehe – eine Herausforderung, Klett-Verlag, Stuttgart 1993, S. 181

5 Edith A. Dewey, Familienatmosphäre, in: Neurose ist eine Fiktion, Arthur G. Nickelly (Hrsg.), Kindler-Verlag, München 1978, S. 59

6 Helge Fester-Watzing. Individualpsychologie und Alkoholismus, in: Zeitschrift für Individualpsychologie 1980, S. 164

B. Alkoholabhängigkeit als Familienproblem

Reinhold Ruthe

1. Gegenseitige Kraftwirkungen in der Familie

Familie und Abhängigkeit sind zwei miteinander verzahnte Begriffe. Abhängigkeit von Drogen, von Suchtmitteln ist selten oder nie ein individuelles Problem, also das eines einzelnen, sondern ein zwischenmenschliches Problem, zugespitzt: ein Familienproblem. Um das zu verdeutlichen, fragen wir uns:

- Wie sind die Kraftwirkungen in einer Familie zu verstehen?
- Wer beeinflußt wen?
- Wer ist von wem abhängig?

Es gibt eine Reihe wissenschaftlicher Theorien, deren Darstellung ich mir im Rahmen dieser Überlegungen ersparen möchte. Ich vergleiche die Familie hier einmal mit einer Fußballmannschaft. Jeder Vergleich hinkt, das ist klar. Die wenigsten Familien bestehen aus 11 Personen, keine Familie ist so systematisch gegliedert wie eine Fußballmannschaft. Es gibt ein bemerkenswertes Buch eines amerikanischen Therapeuten mit dem Titel: „Spiele der Erwachsenen". Der Verfasser, Eric Berne, macht deutlich, daß die Mitspieler in einer Ehe, in einer Partnerschaft, in einer Familie mehr oder weniger kooperativ zusammenspielen und harmlose oder gefährliche „Spielchen“ miteinander treiben können. In diesem Sinne gibt es in einer Familie oder in einer Fußballmannschaft aktive und passive Spieler, Stürmer und Verteidiger, Stopper und Vorstopper, Spieler, die mit bewußten und unbewußten Tricks arbeiten.

Da gibt es einen Spielführer, einen Libero, ehrgeizige und weniger ehrgeizige Mitspieler, Kämpfer aus Idealismus, Kämpfer aus Materialismus, Kämpfer, die nur andere besiegen wollen, und Alleinspieler; auch Spieler, die sich revanchieren, die ihre Mannschaft hängen lassen, die sich freuen, wenn sie verliert.

Da gibt es Spieler, die gegen den Spielführer rebellieren, die einen Mitspieler nicht ausstehen können.

Ich habe nur einige zwischenmenschliche Verhaltensmuster genannt, tatsächlich gibt es wesentlich mehr. Wir können aber zusammenfassend feststellen:

Positiv: Je besser das Zusammenspiel, desto stärker und schlagkräftiger die Mannschaft, sprich Familie. Alle sind voneinander abhängig, alle sind aufeinander angewiesen.

Negativ: Je schlechter das Zusammenspiel, desto größer die Reibung; je destruktiver ein Spieler, desto schwächer die Mannschaft. Je unzufriedener ein einzelner, desto stärker die Belastung der Mannschaft. Je mehr sich einer unverstanden und benachteiligt fühlt, je mehr einer geschnitten und vom Zuspiel ausgeklammert wird, desto gestörter und unharmonischer ist die Familie oder die Mannschaft.

Entscheidend ist: Alle Mitspieler, alle Familienmitglieder werden in die Auseinandersetzung einbezogen und sind mitverantwortlich. Keiner ist eine Marionette, keiner wird manipuliert. In aller Regel ruft Kritik – von wem sie auch kommt – Gegenkritik hervor. Angriffe lösen Beleidigtsein aus, Vorwürfe werden mit Rückzug beantwortet. Familienkritik aller gegen einen gar produziert Sündenböcke, produziert Flucht: Flucht aus der Familie – oder Flucht in die Sucht.

Und das Gesamtergebnis? Nicht einer ist krank, sondern die ganze Familie. Nicht einer ist gestört, sondern die ganze Familie. Daher schreibt Professor Kielholz, Direktor der Psychiatrischen Universitätsklinik Basel: „Der Alkoholismus bedingt nicht nur körperliche und psychische Schädigungen, sondern stellt auch eine Familienkrankheit dar."

Völlig korrekt ist auch diese Charakterisierung nicht. Denn bei Licht besehen ist in der Regel die Familie nicht krank, sondern sie pflegt krankmachende Beziehungen.

2. Wenn ein Glied leidet, leiden alle

Das ist nicht nur eine Binsenweisheit, das ist eine biblisch-theologische Grundeinstellung. Das sollte unser christliches Grundverständnis sein. Das Wort „Wenn ein Glied leidet, leiden alles Glieder mit" stammt aus dem ersten Korintherbrief. Paulus vergleicht das zwischenmenschliche Zusammenleben mit einem Leib:

Der Leib ist ein Ganzes. Alle Glieder sind gleichwertig, keines bedeutsamer als das andere, keines interessanter als das andere, keines unwichtiger, keines überflüssig. Die Glieder untereinander wetteifern nicht, rivalisieren nicht. Sie reden nicht von Chancengleichheit, sie praktizieren Gleichwertigkeit voreinander und vor Gott: die leistungsstarken und die leistungsschwachen, die gesunden und die kranken, die gehemmten und die kontaktfreudigen. Der Kerngedanke – wenn ein Glied leidet, dann leiden alle mit – sagt nicht: sie kritisieren alle mit; sie schimpfen alle mit; sie fallen übereinander her; sie lassen ein krankes Glied fallen.

Welche Reaktionsweisen sind bei uns möglich? Ich greife nur einige heraus, wie sie in der Beratungspraxis vorkommen:

- Der Ehepartner reagiert mit völligem Unverständnis, geht in Abwehr und verschlimmert so das Leiden des Partners;
- der Ehepartner deckt alles und findet für sich und den Partner Entschuldigungen, die nicht helfen, sondern verschlimmern;
- Ehepartner und Kinder reagieren mit Körpersymptomen, z. B. mit Migräne, es schlägt ihnen auf den Darm, ihnen läuft die Galle über;
- Kinder schreien nachts auf, reagieren mit Nägelkauen, mit Alpträumen, mit Bettnässen;
- Kinder verwahrlosen plötzlich, verlieren am Elternhaus jeglichen Halt und jegliche Orientierung;
- Kinder fliehen in andere Gruppierungen, in Randgruppen, in Sekten, um Schutz und Geborgenheit zu finden;
- Kinder reagieren oft mit schlechten Schulleistungen, Konzentrationsstörungen, Desinteresse und depressiven Verstimmungen;
- alle verbünden sich gegen den sogenannten „Schuldigen“; sie predigen, sie moralisieren, sie belehren, sie ziehen Verwandte und Bekannte in das Bündnis mit hinein. Sie probieren tausend Kniffe, um den Gefährdeten zu „retten“.

3. Was kann die Familie selbst tun?

Ich will versuchen, einige konkrete Hilfen zu nennen:

3.1 Alle suchen gemeinsam eine Familienberatung auf

Wenn jede Form von Abhängigkeit ein Familienproblem, ja, eine Familienkrankheit darstellt, dann gehört die ganze Familie in die Beratung. Abhängigkeit (Suchtmittelabhängigkeit) ist keine harmlose Störung.

Die Familie ist betriebsblind. Die übrigen Familienmitglieder sind befangen. Jeder ist buchstäblich mit den Problemen so „verheiratet", daß er nicht genügend Abstand besitzt.

Die Familie sollte sich nicht selbst kurieren wollen. Sie sollte keine „Do-it-yourself"-Analyse betreiben, sondern den Mut aufbringen, mit Hilfe eines Außenstehenden, eines Familienberaters oder eines Therapeuten die familiären Wechselwirkungen aufzudecken. Dieser Mut bewahrt die übrige Familie vor Überheblichkeit, falscher Selbsteinschätzung, unechter moralischer Überlegenheit, Selbstrechtfertigung und Pharisäismus.

In der Familienberatung kann geklärt werden:

- Wozu braucht die Familie eventuell die Störungen?
- Wozu braucht die Familie – oder einige Familienmitglieder – eventuell ein Opfer?
- Wozu braucht die Familie eventuell einen Sündenbock?
- Wozu braucht die Familie unter Umständen das „Schwarze Schaf"?

Um den Hintergrund dieser provozierenden Fragen zu verdeutlichen, möchte ich ein einfaches Beispiel aus der Familienberatung anführen:

Familie X hat drei Kinder: das älteste – 12jährig – ist ein Junge, das zweite – 10jährig – ein Mädchen und das dritte – 5jährig – ein Junge. Der Älteste ist ein Schulversager. Die höhere Schule schafft er nicht; im letzten Zeugnis hatte er vier Fünfen. Das Mädchen ist ein „Überflieger", sie kommt auf die höhere Schule und bringt vorzügliche Noten.

Der sehr vereinfacht dargestellte Hintergrund: je schlechter der Junge, desto tüchtiger das Mädchen. Zwischen beiden herrscht unbeschreibliche Rivalität. Ich habe den Fehler gemacht und den Jungen allein behandelt. Was war die Folge? Der Junge besserte sich, arbeitete mehr als zufriedenstellend, und die ausgezeichnete jüngere Schwester fiel nun plötzlich ab.

Der Älteste litt unter der jüngeren, tüchtigeren Schwester. Diese profilierte sich am Versagen des Älteren. Sie „sahnte" in der Familie alles Positive ab. Zu Lasten des Bruders wurde sie honoriert, bestätigt und herausgestrichen. Will ich das ganzheitlich angehen, muß ich die ganze Familie in ihrer gesamten Dynamik ansprechen. An dem geschilderten Prozeß sind alle beteiligt.

Ein mögliches Mißverständnis möchte ich allerdings an dieser Stelle nicht verschweigen: Wenn sich die ganze Familie zur Familienberatung entschließt, heißt das nicht, die Restfamilie hat jetzt den „Schwarzen Peter", die übrigen Familienmitglieder sind an der Misere des Abhängigen schuld; der Abhängige ist der Krankgemachte; der Kranke ist der Entlastete, der Gerechtfertigte.

Alle Mitglieder spielen perfekt Hand in Hand. Das ist

ein Fundamentalsatz aller zwischenmenschlichen Beziehungen, jeglicher Kommunikation. Jeder fragt nach *seinem* Anteil, jedes Mitglied fragt nach *seinem* Beitrag, jeder Mitspieler fragt nach *seinem* Mitverhalten, und das ist „gut und christlich“.

Christus schildert in der Bergpredigt ein Familienproblem. Er sagt: „Was blickst du auf den Splitter im Auge deines Bruders, aber den Balken in deinem eigenen Auge bemerkst du nicht?“ Damit wird bei Christus deutlich: Jede Therapie beginnt bei mir und sonst nirgendwo. Jede Veränderung nimmt bei mir ihren Anfang und sonst nirgendwo. Der einzige, den ich verändern darf, bin ich.

3.2 Die Familie praktiziert die niederlagefreie Methode der Konfliktbewältigung

Diese Methode hat der amerikanische Therapeut Thomas Gordon entwickelt und in seinem Buch „Familienkonferenz“ eingehend beschrieben. Es ist eine machtlose Methode. Sie vermeidet Sieger und Besiegte. Gerade in Familien mit Abhängigen spielen Macht und Machtkämpfe eine entscheidende Rolle. Nicht eine Partei hat recht, behält das letzte Wort, bestimmt – und die andere steckt zurück, blockiert, flieht oder mauert –, sondern beide setzen sich an einen Tisch, melden ihre Bedürfnisse und Wünsche an und verhandeln so lange, bis sie zufriedenstellende Antworten, akzeptable Lösungen und machbare Alternativen gefunden haben.

Die Familienmitglieder verzichten auf Kampf, negative Kritik, fruchtlose Vorwürfe und unsinnige Anklagen. Sie bemühen sich, Bedürfnisse und Konflikte ernstzunehmen, jedes Mitglied anzuhören und anzunehmen, eigene Vorschläge zur allgemeinen Verbesserung einzubringen, die Familie als einen Organismus zu betrachten, der funktioniert, wenn alle kooperativ Hand in Hand arbeiten und sich gegenseitig stützen und stärken.

Wenn in einer Familie alle Mitglieder ein möglichst reibungsloses Klima wollen, wenn alle zur Kooperation bereit sind, können die meisten Konflikte durch Übereinstimmung – das heißt durch niederlagefreie Techniken der Gesprächsführung – gelöst werden.

3.3 Ich-Botschaften statt Du-Botschaften

Existiert ein Abhängiger in einer Familie, ist das Klima oft gereizt und gespannt. Parteien haben sich gebildet, laute und leise Vorwürfe stehen im Raum. Das Selbstwertgefühl des Abhängigen ist schlecht, er leidet unter Du-Botschaften.

Was kann die Familie tun? Was können die einzelnen Familienmitglieder tun?

Sie vermeiden es, ärgerliche Du-Botschaften zu senden. Sie vermeiden es, das herauszustreichen, was der andere falsch gemacht hat, was der andere ändern muß, was der andere leisten muß. Sie vermeiden es, zu sagen, wo der andere versagt hat. Du-Botschaften lauten:

„Du hörst jetzt damit auf!“
„Du bist der Totengräber unserer Familie!“
„Du zerstörst alles!“
„Du hast schon wieder drei Flaschen getrunken!“
„Du bist für die ganze Familie eine Plage!“
„Du machst alle unglücklich!“
„Du nimmst überhaupt keine Rücksicht!“

Du-Botschaften sind am Sündenbock orientiert, sind Anklagen, Vorwürfe, rufen Widerstand hervor. Sie klingen wie Etiketten für unheilbare Krankheiten. Solche Sätze verstärken die Trotzhaltung, die Resignation, das Gefühl der Unheilbarkeit, an die der Betroffene schon selbst glaubt. Sie vertiefen aber auch die Hoffnungslosigkeit, die in ihm steckt.

Ich-Botschaften dagegen fördern das Verantwortungsbewußtsein des anderen, sind partnerschaftlich, rufen weniger Widerstand hervor, sind hoffnungsvoll. Wie lauten sie?

„Ich fühle mich unglücklich in der Familie."

„Ich bin bedrückt. Was können wir gemeinsam besser machen?"

„Ich bin über unser Zusammenleben enttäuscht. Was mache ich falsch, was kann ich ändern?"

3.4 Erst die Ehe, dann die Familie

Ich habe einen hohen Polizeibeamten, alkoholabhängig, beraten. Sein Kernsatz, der einen Aspekt seiner Störung charakterisiert, lautete: „Ich bin das fünfte Rad am Wagen in der Familie. Meine Frau ist nur noch für die Kinder da."

Was ist an diesem Sachverhalt falsch? Die Ehe bildet die Grundlage der menschlichen Gesellschaft. Wenn wir als Christen die Familie und ihre Konflikte nicht falsch deuten wollen, gilt folgender Grundsatz: Die grundlegende Familienbeziehung ist nicht die Eltern-Kind-Beziehung, sondern die Mann-Frau-Beziehung. Das ist auch Gottes Wille: „Darum verläßt ein Mann (oder der Mensch) Vater und Mutter und hängt seiner Frau (seinem Partner) an. Und sie werden ein Fleisch, ein Leib sein" (1. Mose 2,23.24).

Mit anderen Worten: Die Familie – Eltern und Kinder – ist zeitlich begrenzt. Die Ehe gilt für das ganze Leben. Die Familie löst sich auf. Die Ehe hoffentlich nicht. Die Eltern-Kind-Beziehung muß gelöst werden. Kinder müssen sich abnabeln – die Eltern nicht weniger. Die Eltern-

Kind-Beziehung darf kein falsches Schwergewicht bekommen.

Eltern, die nur für ihre Kinder leben, handeln falsch und „kriegen mehr Schläge als zu essen“. Das heißt: Viele Eltern werden für diese falsch zugewendete Liebe bestraft. Kinder brauchen keine Eltern, die ihre ganze Liebe und Fürsorge ausschließlich ihnen zuwenden. Überspitzt formuliert: Erst kommt mein Ehepartner, und dann lange gar nichts. Danach kommen die Kinder. Das hat nichts mit Lieblosigkeit zu tun. Das ist die Logik des menschlichen Zusammenlebens, wie der Tiefenpsychologe Alfred Adler immer wieder betont hat.

3.5 Kämpfe nicht durch Schweigen austragen

Der Abhängige und sein Partner stehen schnell im Machtkampf. Beide kämpfen mit verschiedenen Waffen. Einer muß ständig recht haben, meistens ist es der Kontrahent des Abhängigen. Ungewollt will er das letzte Wort behalten, er kontrolliert, dominiert. Oder er versucht, mit moralischer Überlegenheit das Heft in der Hand zu behalten. Er ist gründlicher, sauberer, ordentlicher und gewissenhafter, auch im Glauben, im Bibellesen, im Beten.

Einer schweigt. Er bringt damit den Partner zur Verzweiflung. Schweigen ist eine gefährliche Waffe. Besonders der Depressive, der Liebebedürftige, der Anlehnungsbedürftige leidet darunter. Schweigen verstärkt die Probleme, verlagert sie nach innen. Schweigen ist eine harte Bestrafung. Nicht umsonst sagt die Bibel: „Laß die Sonne nicht über deinem Zorn untergehen“ (Epheser 4,26).

Schweigen hat nichts mit Friedfertigkeit zu tun. Es handelt sich um einen faulen Frieden, um vorgespielte Friedfertigkeit. Schweigen drückt eine enorme Überheblichkeit aus. Wer schweigt, zeigt dem anderen die kalte Schulter. Er zeigt ihm, daß er ihn bestrafen will.

3.6 Ich muß wissen, was ich will

Klingt dieser Satz nicht egoistisch und lieblos? So denken viele. Sie wissen, was sie wollen – und tun das Gegenteil. Sie geben nach und ärgern sich gewaltig.

Wer weiß, was er will, ist nicht unruhig, sondern ruhig; nicht hin- und hergerissen, sondern kann sich entscheiden. Er muß sich nicht ständig den Kopf zerbrechen, sondern geht klar seinen Weg; er ist nicht ängstlich, sondern vertrauend und gelassen.

Angst in der Partnerschaft bedeutet, in den Augen des anderen an Wert verlieren. Angst bedeutet, mein Wert hängt in der Luft; ich bin bei dem anderen nicht sicher; ich weiß nicht, was ich tun soll; was ich mache, ist verkehrt.

Angst untergräbt jede Partnerschaft, macht unfrei und zerstört die Liebe. Die Bibel aber sagt ganz deutlich: „Furcht ist nicht in der Liebe“ (1. Johannes 4,17). Weil ich mich von Christus geliebt weiß, hängt mein Wert nicht in der Luft. Darum handle ich selbstbewußt und nicht zweifelnd, selbstsicher und nicht in falscher Abhängigkeit vom anderen.

Unzählige wissen nicht, was sie wollen. Sie haben Angst vor ihren Wünschen. Sie sagen: „Was ich wirklich möchte, kann ich sowieso nicht bekommen, also denke ich erst gar nicht daran.“ Sie ziehen es vor, das zu wollen, was der andere will. Sie töten ihre eigenen Wünsche mit den „Killer“-Fragen:

„Kann ich das?“

„Darf ich das?“

„Was wird der Partner sagen?“

„Was ist, wenn ich das nicht schaffe?“

Je weniger ich weiß, was ich will, desto mehr komme ich in Abhängigkeit, in Hörigkeit, gerate in Unordnung und in Unselbständigkeit hinein. Ich handle aus Verzweiflung und nicht aus Überlegung. Ich zerstöre mich und den anderen.

3.7 Ich sage dem Partner, dem Vater, der Mutter, der Schwiegermutter, dem Kind, was ich möchte

Warum ist diese Regel so wichtig? Der andere ist anders als ich, fühlt anders, denkt anders, hört anders und nimmt anders wahr. Mein Partner und mein Kind sind keine Propheten. Sie sind keine Hellseher, sie wissen nicht, was ich fühle und denke. Sie können es nicht ohne weiteres erraten. Vor allem der Partner kann nicht erraten, was ich erwarte. Darum sage ich ihm, was in mir vorgeht. Ich sage ihm, was ich möchte. Seine Erwartungen sind anders als meine Erwartungen.

Viele Enttäuschungen rühren daher, daß sich Eltern, Kinder und Eheleute nicht sagen, was sie möchten. Sie erwarten aber, daß der andere es weiß. Sie hoffen, daß der andere ihnen ihre Wünsche von den Augen abliest.

Besonders der liebebedürftige Mensch erwartet zuviel: der andere soll sich in ihn hineinversetzen; er soll sich um ihn bemühen; ja, er soll sich doppelt anstrengen.

Und was geschieht, wenn die Wünsche nicht erfüllt werden? Dann reagiert er eingeschnappt und launisch; er verhält sich kurz angebunden und aggressiv; er geht und trinkt aus Trotz.

Wir können uns nur gegenseitig annehmen, wenn wir uns sagen, was wir möchten, und unsere Bedürfnisse aufeinander abstimmen.

3.8 Wir können einander besser annehmen, wenn wir versuchen, aus größeren Fehlern kleinere zu machen

Das Streben nach Fehlerlosigkeit ist ein Fehler. Das Ziel der Fehlerlosigkeit ist unmenschlich. Das Neue Testament sagt klar und deutlich: „Stückwerk ist unser Erkennen und Stückwerk unsere prophetische Redegabe. Und wenn das Vollkommene kommt, dann wird das Stückwerk aufhören" (1. Korinther 13,9.10)

Fehler machen ist menschlich. Wer anstrebt, fehlerlos zu sein, will werden wie Gott. Nur Gott ist fehlerlos und vollkommen. Wer Fehlerlosigkeit fordert, ist äußerst unbarmherzig. Es ist daher erzieherisch und geistlich nicht zu verantworten, von einem Kind oder auch von einem Erwachsenen das Versprechen zu fordern: „Versprich mir, daß du nie mehr lügst." Man sollte nie „nie" sagen. Denn wenn das Kind oder der Partner dann doch wieder gelogen oder der Partner uns wieder betrogen hat, ist der Schaden größer als vorher – bis zum endgültigen Bruch der Beziehung. Das aber ist nicht Gottes Absicht!

Was ist die Folge, wenn wir uns zuviel vornehmen, wenn wir mehr oder weniger Fehlerlosigkeit und Vollkommenheit anstreben?

Wir sind unglücklich, werden unzufrieden mit uns selbst, dem Partner und den Kindern, reagieren dauernd enttäuscht und resignieren schließlich.

Zu hohe Ziele und überhöhte Ansprüche bringen uns und andere in Streß. Wir machen uns gegenseitig nervös und verrückt.

Was können wir statt dessen tun? Wir versuchen, aus größeren Fehlern kleinere zu machen. Wir nehmen uns nicht vor, alles zu verändern. Wer alles ändern will, produziert laufend neue Enttäuschungen.

Und noch eine Empfehlung: Wir vermeiden Entweder-oder-Haltungen. Diese sind selten hilfreich. Kompromißlosigkeit ist in den meisten Fällen unrealistisch. Sie überfordert den Partner, übt Zwang aus. Sie demonstriert ein Herrschaftsverhalten. Und der Abhängige wehrt sich mit einem Gegenzwang. Er zwingt den Partner mit seinen Methoden. Kompromißlosigkeit ist oft Tyrannei. Entweder-oder-Haltungen sind lieblos und in der Regel Alles-oder-nichts-Haltungen. Entweder der Himmel oder die Hölle. Entweder der Sieg oder der Untergang. Wir sollten uns vor solchen perfektionistischen Haltungen hüten.

4. Der nächste Schritt

Wer sich in der Familie vornimmt: „Bei mir wird alles anders", der wird bittere Enttäuschungen erleben. Das ist Vollkommenheitsstreben, Perfektionismus.

Einen Schritt nehme ich mir vor, ein lösbares Problem nehme ich in Angriff. Auf eine Veränderung richte ich mein Augenmerk. Für eine konkrete Aufgabe bitte ich Gott um Beistand. Das ist realistisch. Das ist erfolgversprechend und hoffnungsvoll. Gott wird mir hierzu die Kraft schenken!

C. „Familienspiel“ Co-Alkoholismus

Peter Glöckl

Keiner lebt für sich allein – dies gilt insbesondere für Suchtkranke und Angehörige

Das Schaubild auf der übernächsten Seite stellt in vereinfachter Weise die Verzahnung der beiden Kreisläufe zwischen einem Alkoholkranken (Innenkreis) und einer Angehörigen (Außenkreis) dar.

Aber auch der „hilflose Helfer“, also eine außenstehende Person, kann anstelle des Lebenspartners im äußeren Kreislauf gesehen werden.

1. Obwohl der alkoholkranke Erich seiner Ehefrau Karin versprochen hatte, pünktlich nach der Arbeit nach Hause zu kommen, sitzt er noch Stunden später in einer Gastwirtschaft beim Bier. Karin erlebt dies als schmerzhafte Kränkung.
2. Auf Karins Vorwürfe: „Aber du hast mir doch versprochen, heute pünktlich zu sein!“ zieht sich Erich beschämt und voller Schuldgefühle zurück.
3. Oft schluckt er seinen Ärger und seine Enttäuschung über sich selbst herunter, aber manchmal macht er sich durch Wutausbrüche Luft. Karin ist oft zwischen Haßgefühlen („Soll er doch gegen einen Baum fahren!“) und tiefer Resignation hin- und hergerissen.
4. Da Erich seine Arbeitsstelle wegen Alkoholmißbrauchs verloren hat und arbeitslos wurde, geht Karin jetzt arbeiten und besorgt abends den Haushalt.

5. Für ihren Einsatz bekommt Karin von ihrer Familie und der Nachbarschaft viel Anerkennung. Erich fühlt sich zunehmend wie ein Taugenichts.
6. Dadurch, daß Karin ihren Selbstwert an die Trockenheit von Erich gekoppelt hat, wird sie mehr und mehr von ihm abhängig:
   - Ist er trocken – bin ich gut!
   - Trinkt er – habe ich versagt!
7. Erich zieht sich aus seinem Freundes- und Bekanntenkreis zurück. Er wird in allen seinen bisherigen Lebensbereichen (z. B. Hobbies) passiv. Auch Karin pflegt ihren Freundeskreis nicht mehr. Sie lädt niemand mehr ein, da sich Erich beim letzten Besuch so furchtbar danebenbenommen hat. Zu Hause managt Karin das Chaos, damit alles weitergeht.
8. Für Erich ist es zunächst angenehm, daß er seine Verantwortung für die Erziehung der Kinder und auch für das Geldverdienen an seine Frau abschieben kann, die zwar unter der Last stöhnt, sie aber dennoch weiter trägt.
9. Doch Karin teilt ihm nun sein Taschengeld zu und kontrolliert sein Trinken. Erich kommt sich vor wie ein kleiner Junge und reagiert entsprechend.
10. Nur so sieht Karin Erfolge: Erich ist fast trocken, sie hat die Finanzen, die Kindererziehung und seine Trinkmenge fest im Griff. Aber Erich bleibt unselbständig wie ein kleines Kind. Das kränkt und ärgert ihn sehr. Nein, das läßt er nicht mit sich machen! Er geht in sein Stammlokal und gönnt sich wieder ein kleines Bier – und dann noch eins und ...

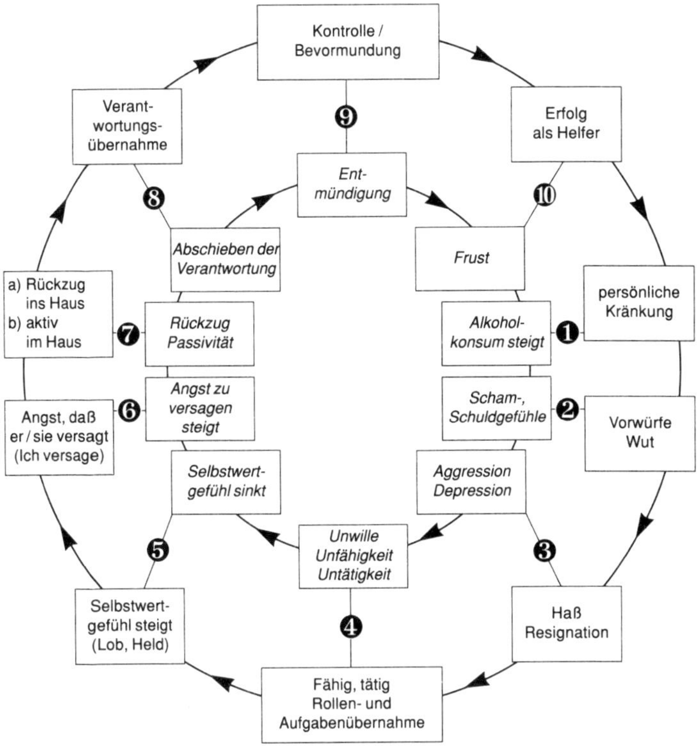

Fragen zum Schaubild:

1. Was kenne ich und was kenne ich nicht?

2. Was möchte ich verändern – und warum?

3. Welche Befürchtungen habe ich, wenn ich etwas verändern will?

D. Erwachsene Kinder aus Alkoholikerfamilien

Peter Glöckl

1. Die gegenwärtige Situation im Überblick

In Deutschland leben etwa 2,5 Millionen behandlungsbedürftige Alkoholabhängige, zu denen weitere 6 bis 8 Millionen betroffene Kinder und Partner gezählt werden müssen. Umgerechnet bedeutet dies, daß in jeder 10. Familie ein Alkoholkranker lebt. Besonders auffällig ist, wie eine Umfrage ergab, daß „52 Prozent von befragten Alkoholikern selbst Kinder aus einer Alkoholikerfamilie waren und 60 Prozent der nichtalkoholabhängigen Frauen von Alkoholikern einen alkoholkranken Vater hatten" (Suchtgefahren 31, S. 271/1985).

2. Das Leben in einer Alkoholikerfamilie

Vielfältig sind die Auswirkungen des Alkoholismus, so daß sich die Erscheinungsbilder von Familie zu Familie stark unterscheiden können. Darum lassen sich keine Kriterien aufstellen, die überall zutreffen. Aber folgende Punkte sind häufig anzutreffen: ungeklärte Mißverständnisse, gereizte und angespannte Atmosphäre, Provokationen, Anwendung von Gewalt, sexueller Mißbrauch, finanzielle Probleme, Isolation der ganzen Familie, Probleme mit Arbeitgeber, Nachbarschaft, Schule, Polizei und anderen.

Wenn auch die Alltagsgestaltung der Suchtfamilien sehr unterschiedlich sein kann, so haben sie doch manche Wesenszüge gemeinsam.

Neben den genannten Alltagserfahrungen können Suchtkranke sowie co-abhängige Partner ihren Kindern aber auch positive Erlebnisse vermitteln, so daß Geborgenheit, Liebe, Zärtlichkeit, Vertrauen, Trost, Ermutigung und anderes wohltuend erfahren wird.

Das Leben in einer Alkoholikerfamilie wurde von Beteiligten mit dem Leben auf einem Kriegsschauplatz verglichen. Sie konnten sich nie sicher fühlen, weil sie nie wußten, ob die Ruhe, evtl. sogar der Friede, wirklich hält oder ob es wieder zum Kampf kommt. Immer mußten sie auf der Hut sein vor einem weiteren „Angriff" – ob nun in Worten oder in Handgreiflichkeiten –, der wie ein Blitz aus heiterem Himmel kommen konnte.

Im Wechselbad zwischen diesen beiden Extremen – Lieben und Hassen, Versprechen und Vergessen, geborgen und verloren, beachtet und verachtet sein – ist die kindliche Seele oft überfordert und droht unterzugehen. Wenn sie dieses Wechselbad überleben will, muß sie eine Überlebensstrategie entwickeln.

3. Überlebensstrategien

- Klaus sagt zu seinem Lehrer: „Meine Mutti kann nicht zum Elternsprechtag kommen, weil sie krank ist." In Wirklichkeit ist sie betrunken.
- Ruth hat in ihrer Familie Aufgaben übernommen, die sonst in der Verantwortung ihrer Eltern liegen: Sie kocht das Essen, sorgt für die kleineren Geschwister, geht einkaufen. Mutti geht Geld verdienen, Vati liegt

betrunken schlafend im Wohnzimmer, er hat keine Arbeit mehr.

- Andreas versucht, seinen Vater am Trinken zu hindern, indem er Alkohol wegschüttet oder mit Wasser verdünnt.
- Es regnet. Gerd klingelt bei seinem Freund Frank und fragt: „Können wir bei dir spielen?“ Frank: „Nein, mein Vater liegt krank im Bett, wir müssen still sein.“ Aber Franks Vater sitzt betrunken in der Küche.

Einen wichtigen Pfeiler dieser Überlebensstrategien stellen die Regeln dar, nach denen Familienmitglieder oft leben. Die nachfolgenden Regeln werden kaum jemals als „Lehrsätze“ weitergegeben, sie beziehen ihre Macht und Bedeutung aus dem täglichen Vorleben und Mitmachen: sie werden verinnerlicht.

Regel Nr. 1: Nur nicht darüber reden!

Viele Gründe sprechen für das Schweigen:

- Sonja schämt sich zu sagen, daß ihr Vater Alkoholiker ist.
- Thomas hat Angst, daß ihm sowieso niemand glaubt.
- Maria hat Angst, daß alles nur noch schlimmer wird, wenn sie darüber spricht.
- Klaus redet nicht darüber, weil es sonst auch niemand tut.
- Annette redet nicht darüber, weil sie glaubt, daß das Trinkverhalten ihres Vaters normal sei. Sie hat sich so an sein Trinkverhalten gewöhnt.
- Helga schweigt, weil sie glaubt, sie sei schuld an der Alkoholabhängigkeit ihres Vaters. Helgas Mutter hält ihr immer wieder vor, ihr Vater würde erst seit ihrer Geburt trinken, da er nicht damit fertiggeworden sei, daß sie nun zu dritt seien.

Regel Nr. 2: Trau keinem!

Alkoholabhängigkeit macht Betroffene und Mitbetroffene zu Lügnern. Alkoholabhängige lügen, um ihr Trinken zu vertuschen. Die mitbetroffenen Ehepartner lügen, damit der Alkoholiker nicht seinen Arbeitsplatz oder seinen guten Ruf verliert. Und die Kinder lügen, um sich selbst zu schützen.

Wenn in einer Familie Lügen – auch ungewollte und unbeabsichtigte – normal geworden sind, dann kann man sich auf nichts und niemanden mehr verlassen. Die Regel „Trau keinem" ist die Folge dieser ständigen Unehrlichkeit.

Es sind aber nicht nur Lügen, sondern auch uneingelöste Versprechen und Zusagen, die das Vertrauen systematisch zerstören und das Mißtrauen gedeihen lassen. Tiefe und wiederholte Enttäuschungen prägen sich schmerzhaft ein und können den Wunsch nach Selbständigkeit forcieren – eine Selbständigkeit, in der kein anderer gebraucht wird, in der aber auch die Einsamkeit Wurzeln schlägt.

Regel Nr. 3: Unterdrücke deine Gefühle!

Viele, die den Schmerz in ihrem Innern ausschalten wollen, kennen nur eine Möglichkeit: ihn hinter einer harten Schale zu verstecken.

Zum Beispiel Karin: Sie muß noch recht klein gewesen sein, als ihr Vater anfing, sie sexuell zu mißbrauchen. Sie selbst konnte sich daran nicht mehr erinnern. Sie erfuhr es erst, als ihr Vater in betrunkenem Zustand damit prahlte. Während Karin ihre schreckliche Geschichte erzählt, verzieht sie keine Miene. Ihre Stimme bleibt ruhig. Sie wird nicht rot vor Scham oder Wut, noch verrät ihre Körpersprache irgendein Unbehagen. Nichts deutet darauf hin, daß ihr etwas so Schlimmes zugestoßen war. Wenn sie beim Erzählen ihrer Geschichte Gefühle (Zorn, Verlegenheit, Trauer, Verletztsein) gezeigt hätte, wäre das normal gewesen. Aber nichts dergleichen.

Selbst wenn kein so schlimmer Mißbrauch wie bei Karin vorliegt, greift dennoch die Regel: „Unterdrücke deine Gefühle, um Schmerzen zu vermeiden."

Vordergründig scheint durch diese Regel alles gutzugehen, jedoch birgt sie die Gefahr, daß der Kontakt zu allen Gefühlen, und damit letztlich zu sich selbst, unterbrochen wird. Erfreuliche Gefühle können dann ebensowenig empfunden und geteilt werden. Wenn Gefühle lange genug unterdrückt werden, besteht die Gefahr, körperlich, seelisch oder geistig krank zu werden.

Diese drei genannten und weitere Regeln helfen in Alkoholikerfamilien zum Überleben, da sie den seelischen Druck abbauen helfen. Andererseits stabilisieren sie das kranke Familiensystem – es bleibt alles, wie es ist.

4. Überrollt – Vom Leben in einer Rolle

Neben den Regeln gehört das Zuschreiben und Erfüllen von Rollen zu den Pfeilern der Überlebensstrategie. Um das gefährdete Familiengleichgewicht, den „wackligen" Hausfrieden, zu stabilisieren, versuchen die Kinder, es durch ihr Verhalten zu stützen. Dazu nehmen sie Rollen an, die ihre eigene, sich gerade entwickelnde Persönlichkeit ständig überfordern.

An den Träger einer oder mehrerer Rollen sind bestimmte Erwartungen, ja Forderungen und Gefühle geknüpft, die Suchtkranke und Co-Abhängige nicht mehr selbst erfüllen können oder wollen. Somit werden nicht nur sachliche Aufgaben (z. B. Essen kochen, Geschwister waschen und ins Bett bringen), sondern auch Gefühle (tröste mich, unterhalte uns, lenke uns ab, sei unser Ventil für Ärger und Frustration, sei unser Stolz – leiste wenigstens du etwas) an die Kinder delegiert. Diese Delegationen verlaufen nur in den seltensten Fällen auf einer bewußten Ebene, viel häufiger werden Appelle der Eltern ohne Worte, nonverbal ausgegeben, die die Kinder in ihrer Sensibilität deutlich wahrnehmen und häufig auch ausführen.

Beispiele für Rollen:

1. Der Familienheld

- ist oft ältestes Kind oder ein Einzelkind
- übernimmt zuviel Verantwortung in der Familie
- wird zum Partnerersatz seines Vaters bzw. seiner Mutter
- übernimmt Führungsaufgaben
- ist gut in der Schule
- ist zielstrebig, leistungsorientiert
- bekommt von der Umwelt positives Echo
- lenkt dadurch von sich und seinem Kummer ab
- seine emotionale Unterernährung bleibt unsichtbar
- ist stark von Lob und Anerkennung abhängig
- signalisiert nach außen: „In unserer Familie ist alles in Ordnung.“

2. Der Sündenbock / Blitzableiter

- ist in mancher Hinsicht auffällig ehrlich mit seinen Gefühlen
- handelt danach, wie er sich fühlt, und tut damit das, was die anderen nicht ausdrücken können
- wird darum beneidet und angefeindet
- lebt seine Gefühle so aus, daß er sich und anderen schadet
- lenkt durch sein Fehlverhalten die Aufmerksamkeit von der Alkoholabhängigkeit und den darunter verborgenen Problemen ab
- übernimmt die Schuld für die Familienprobleme oder wird damit überhäuft
- ist seelisch überlastet
- lebt mit dem emotionalen Grundton: „Ich gehöre nirgends richtig dazu."
- sucht Beziehung eher durch Konfrontation als durch Anpassung.

3. Der Clown

- untergräbt selbst durch Albereien, Witze und schnippische Bemerkungen sein Ansehen
- lebt sehr spontan
- ist sehr sensibel für die familiären Spannungen
- hat viel Sinn für Humor
- baut damit in seiner Familie Spannungen ab
- hebt durch Lacherfolge sein Selbstwertgefühl
- findet schlecht die Grenze zum Aufhören und wird dadurch manchmal gemieden und einsam
- beugt aufkommenden Spannungen frühzeitig durch Witze vor
- hat ein großes Harmonie- und Anerkennungsbedürfnis.

4. Das vergessene, fügsame Kind

- fällt durch seine Unauffälligkeit auf
- vermeidet Konflikte, geht den Weg des geringsten Widerstandes
- will keine Aufmerksamkeit auf sich lenken
- schließt sich der Mehrheitsmeinung an
- stellt eigene Bedürfnisse weit zurück
- entlastet seine Familie durch pflegeleichtes Mitlaufen
- flieht in das Alleinsein: „Keine Kontakte – keine Konflikte“ und in die Traumwelt
- fühlt sich minderwertig, als Opfer, verlassen.

5. Auswirkungen der Regeln und Rollen auf das Leben der erwachsenen Kinder aus Alkoholikerfamilien

Frank erzählt: „Ich hatte mir geschworen, nie so ein Trinker wie mein Vater zu werden, einer, der nur redet und nichts anpackt. Und jetzt, ja jetzt bin ich über mich selbst erschrocken ... Wenn ich über mein Leben nachdenke, dann sehe ich, daß ich eigentlich der gleiche bin wie er.“

Mit der Pubertät und dem Erwachsensein werden nicht alle bewußt oder unbewußt gelernten Denk- und Verhaltensweisen abgelegt, nicht alle Empfindungen gelöscht. Die in der Kindheit verinnerlichten Regeln und Rollen ermöglichten zwar einerseits das Überleben in einer Alkoholikerfamilie, bringen aber andererseits Schaden, wenn sie später noch ständig angewandt werden.

Im Bild gesprochen: Regeln und Rollen sind wie Krükken, die bei einem Beinbruch das Fortbewegen ermöglichen. Aber was würde geschehen, wenn der Patient, dessen Bein geheilt ist, immer noch an Krücken geht und gehen will? Dann würde aufgrund des Muskelschwunds sein Bein im Laufe der Zeit so schwach, daß er nicht mehr normal gehen könnte. Die jetzt unnötigen Krücken behindern nur noch.

Darum gilt es zu lernen, ohne die Regeln und Rollen der Alkoholikerfamilien zu leben und Beziehungen zu sich selbst und zu anderen aufzubauen. Wer das nicht lernt, dessen Leben wird als Erwachsener immer behindert sein – wie durch unnötige Krücken.

6. Fragebogen zur eigenen Standortbestimmung

Kinder haben im Laufe der Jahre gelernt, wie sie sich in bestimmten Situationen am besten verhalten. Wie war es bei Ihnen? Streichen Sie bei folgenden Aussagen an, was am ehesten auf Sie zutrifft:

6.1 Wenn es in unserer Familie Streit gab, dann …

a) … versuchte ich, der „Friedensstifter“ zu sein, selbst wenn ich nicht direkt am Streit beteiligt war.

b) … wurde ich wütend, sagte meinen Eltern die Meinung und machte mich aus dem Staub.

c) … versuchte ich, die anderen von dem Streit abzulenken, indem ich ein anderes Thema anschnitt.

d) … hielt ich mich aus dem Streit heraus, so gut es ging. Meistens zog ich mich auf mein Zimmer zurück oder ging nach draußen.

6.2 Wenn Vater/Mutter getrunken hatte oder Theater machte, dann ...

a) ... versuchte ich, das nicht zu beachten, beschäftigte mich mit irgend etwas anderem und hoffte, die anderen würden auch darüber hinweggehen.

b) ... fühlte ich mich angegriffen und „rastete aus", wobei ich mich manchmal in Schwierigkeiten brachte.

c) ... versuchte ich zu lachen und tat so, als hätte ich es als Spaß aufgefaßt.

d) ... war es mir einfach peinlich, und ich hätte mich am liebsten in Luft aufgelöst.

6.3 Ich half meiner Familie normalerweise am besten dadurch, daß ich ...

a) ... hart arbeitete, damit sie auf mich und meine Erfolge stolz sein konnte.

b) ... gar nichts machte.

c) ... über alles Witze machte, damit die anderen das Leben nicht so ernst nehmen mußten.

d) ... den anderen aus dem Weg ging und für mich allein blieb.

6.4 Wenn zu Hause etwas geschah, das mich aus der Fassung brachte, dann ...

a) ... beschäftigte ich mich mit irgend etwas, um meine Spannung abzubauen.

b) ... wurde ich wütend und hätte am liebsten alles und jeden um mich herum zusammengeschlagen.

c) ... versuchte ich, mich möglichst nicht davon niederdrücken zu lassen.

d) ... schaltete ich den Fernseher ein, aß etwas oder lenkte mich anderweitig ab.

6.5 Wenn ich damals einen Wunsch für meine Familie frei gehabt hätte, dann hätte ich mir gewünscht, daß ...

a) ... meine Familie so glücklich und liebevoll wäre, wie ich sie mir vorstellte.

b) ... meine Familie mich in Ruhe ließe und mich nicht immer für ihre Probleme verantwortlich machte.

c) ... meine Familie sich nicht immer über alles so viele Sorgen machte.

d) ... es in meiner Familie ruhig und friedlich zuginge, daß es keinen Streit mehr gäbe.

7. Auswertung zum Fragebogen

Bitte zählen Sie Ihre Antworten aus den Fragen 6.1-6.5 zusammen:

Anzahl	a)	b) ....
	c)	d) ....

Kinder spielen in ihrer Familie normalerweise vorwiegend eine von vier Rollen. Ihre Antworten auf die fünf vorgenannten Situationen können darüber Aufschluß geben, welche Rollen Sie in Ihrer Familie gespielt haben:

a) Familienheld
b) Sündenbock / Blitzableiter
c) Clown
d) das vergessene, fügsame Kind

In Ihrer Familie haben Sie wahrscheinlich die Rolle gespielt, bei der Sie die meisten Antworten angekreuzt haben. Natürlich sind die Rollen in der Praxis nicht so eindeutig abgegrenzt. Viele spielten mehrere Rollen gleichzeitig, wobei die Grenzen fließend sind. Aber eine Rolle war stets vorherrschend.

8. Weiterführung: Wachstum und Heilung ist möglich

Die Auseinandersetzung mit den Regeln und Rollen in der eigenen Kindheit kann sehr mühevoll und anstrengend sein, manchmal auch schier den Mut zum Weitergehen nehmen. Dennoch ist es wichtig, sich mit der eigenen Lebensgeschichte und den damit verbundenen Prägungen auseinanderzusetzen. Ein chinesisches Sprichwort sagt: „Wer seine Geschichte nicht kennt, ist dazu verdammt, sie zu wiederholen."

Beispiele für konkrete Schritte auf dem Genesungsweg:

a) Sich selbst wahrnehmen (Stichworte: „SOS", „Warum bin ich so?").
b) Zusammenhänge erkennen (Stichworte: „Aha", „Oje", „Deshalb also!").
c) Entscheidungen treffen (Stichworte: „So nicht mehr!", „Nur Mut!"). – Jetzt sind Entscheidungen zu treffen. Das heißt: In welchen Bereichen will ich wachsen, Neues lernen und einüben? Welche Ängste will ich überwinden?
d) Sich mitteilen (Stichworte: „Hör mal zu!", „Ich will jetzt reden!"). – Mit wem können und möchten Sie über die Schritte a) bis c) reden? Wählen Sie einen

sachkundigen Menschen Ihres Vertrauens zum Gespräch unter vier Augen oder sprechen Sie über Ihr Erleben auch in einer Gruppe. Brechen Sie das Schweigen!

e) Gefühlsleben wiederbeleben (Stichworte: „Ich fühle mich ...“, „Mir geht's dabei ...“). – Was sagt Ihr Körper dazu? (Z. B. Herzklopfen, Bauchweh, Atemnot, feuchte Hände, verkrampfte Sitzhaltung.) – Welche Gefühlsregungen klopfen bei Ihnen an? (Z. B. Wut, Ärger, Trauer, Freude, Zuneigung.)

f) Reden mit Gott.

Wer mit Gott, mit Jesus Christus reden kann und will, findet hier eine gute Möglichkeit, für seine Seele Kraft und Heilung zu erlangen. Beim Lesen in der Heiligen Schrift kann daraus ein Dialog entstehen. Hilfreiche Bibelstellen dazu können sein:

„Kommt her zu mir, alle ihr Mühseligen und Beladenen! Und ich werde euch Ruhe geben“ (Matthäus 11,28).

„Mein Gott, warum?“ (Psalm 22,1).

„Heile mich, Herr, so werde ich heil; hilf mir, Herr, so ist mir geholfen“ (Jeremia 17,14).

„Aber jetzt, so spricht der Herr, der dich geschaffen, Jakob, und der dich gebildet hat, Israel: Fürchte dich nicht, denn ich habe dich erlöst! Ich habe dich bei deinem Namen gerufen, du bist mein. Wenn du durchs Wasser gehst, ich bin bei dir, und durch Ströme, sie werden dich nicht überfluten. Wenn du durchs Feuer gehst, wirst du nicht versengt werden, und die Flamme wird dich nicht verbrennen. Denn ich bin der Herr, dein Gott, ich, der Heilige Israels, dein Retter“ (Jesaja 43,1-3).

Ungezählte Kinder aus Alkoholikerfamilien und viele andere haben auf diesem Weg für ihr Leben gewonnen.

Literaturhinweise

Lask, Karl: Wir brechen das Schweigen, Blaukreuz-Verlag Wuppertal, 1992

Klaus, Tom: Wenn Vater zuviel trinkt, Blaukreuz-Verlag Wuppertal, 1992

Arenz-Greiving, Ingrid: Die vergessenen Kinder, Blaukreuz-Verlag Wuppertal, 2. Auflage 1993

Black, Claudia: Mir kann das nicht passieren, Bögner-Kaufmann, Berlin, 1988

Burwick, Ray: Du bist besser, als du denkst, Blaukreuz-Verlag Wuppertal, 3. Auflage 1995

Westmeier, Arline: Die verletzte Seele heilen, Blaukreuz-Verlag Wuppertal, 5. Auflage 1995

E. Selbsterkenntnis – Kinder aus Suchtkrankenfamilien fragen: „Wer bin ich?"

Peter und Monika Glöckl

1. Angelika erinnert sich

Die 29jährige Angelika (Name geändert) erinnert sich: Weihnachten war für uns Kinder immer etwas Besonderes, denn dann kam das Christkind auf die Erde und brachte uns Geschenke. Wir waren immer sehr auf die Geschenke vom Christkind gespannt, denn die, ja, wenigstens die, sollten gerecht verteilt werden – so machte man uns glauben. Aber es kam leider wieder einmal alles anders …

Meine beiden jüngeren Geschwister, die aus der zweiten Ehe meiner Mutter hervorgegangen waren, bekamen tolle Skier bzw. Schlittschuhe, ich bekam nichts. Warum? Weil das Fahrrad für mich noch nicht geliefert werden könne, hieß es. Jetzt hat mich das Christkind also auch vergessen …

Nein, ich weinte nicht, ich sagte nichts, ich stand nur noch da und sah meinen Geschwistern zu, wie sie mit ihren Neuheiten hantierten. Mein trinkender Stiefvater versprach mir, daß ich das Fahrrad bald bekommen würde.

Als ich im Sommer Geburtstag hatte, war von dem Versprechen noch nichts eingelöst, wieder ging ich leer aus. Aber das machte mir bald nichts mehr aus. Ich hatte meine Hoffnung aufgegeben, ich hatte aufgehört, den

Versprechungen meines Stiefvaters zu glauben, egal, ob er sie in nüchternem oder in betrunkenem Zustand gegeben hatte.

Anfangs suchte ich noch Unterstützung bei meiner Mutter. Aber das war vergeblich. Sie hüllte sich in Schweigen oder ging einfach für Stunden aus der Wohnung, besonders dann, wenn es Konflikte zu klären galt.

Was ich damals gefühlt habe? Nichts – nur ein dumpfes Gefühl der Schuld, ja, der Schuld, lag auf mir. Schuld? Als Kind?

Ja! Vielleicht klingt es abwegig, aber irgendwie fühlte ich mich schuldig. Vielleicht hatte ich etwas an mir oder ich hatte einmal etwas getan. Ich weiß es wirklich nicht mehr. Aber es mußte doch einen Grund haben, warum ich immer wieder benachteiligt wurde! Und diesen Grund suchte ich in mir. Lange Jahre haben mich diese unbestimmten Schuldgefühle begleitet und mir sehr zugesetzt.

Lange habe ich mich immer wieder gefragt: Wer bin ich? – Ja, wer bin ich wirklich? Aufkommende Gedanken und Gefühle beschworen in mir ein Chaos herauf:

- Bin ich wirklich schuld?
- Bin ich erwünscht?
- Bin ich das Aschenputtel, das immer für die anderen da ist? Wie oft mußte ich auf die beiden kleineren Geschwister aufpassen, für sie das Essen machen, sie versorgen, ins Bett bringen usw., nur weil Mutter keine Lust hatte und unterwegs war.
- Wer bin ich?

Manche in meiner Gemeinde sagten, ich sei Gottes Kind und könne mich über meinen Vater im Himmel freuen, der mich liebt. Nein, ehrlich, ich konnte das nicht, das ging nicht. Wenn ich das Wort Vater nur schon hörte ...

Seit gut einem Jahr gehe ich in die Seelsorge. Das hilft mir, weil ich die Zeit habe, die ich brauche. Mein Seelsorger ermutigt mich, ehrlich mit mir und meinen Gefühlen zu sein. Das ist harte Arbeit. Aber jetzt geht es leichter, Gott ist wirklich mein Vater geworden. Ich lerne ihn mehr kennen, langsam, aber dennoch. Und – ich weiß, wer ich bin.

2. Modellfragebogen: Anregungen und Fragen zum Selbststudium und zur Gruppenarbeit

Zum Einsatz dieses Fragebogens sind folgende Schritte hilfreich:

- Jeder Teilnehmer liest für sich in Ruhe die Fragen durch; macht sich evtl. Notizen (ca. 5 – 10 Minuten).
- In einer Kleingruppe bzw. im Zweiergespräch kann jeder Teilnehmer den Punkt herausgreifen, mit dem er anfangen möchte.
- Bitte beachten, daß genügend Zeit für das Gespräch zur Verfügung steht.

a) *Nähe:* Wenn ich spüre, daß mir ein Mensch innerlich sehr nahe kommt, dann ...

....

....

b) *Vertrauen:* Wenn ich niemand vertraue, dann ...

....

....

c) *Gefühle zeigen:*

Worüber ich mich in den letzten Wochen sehr gefreut habe:

....

....

Wie habe ich es gezeigt und wem?

....

....

Wann habe ich das letzte Mal geweint?

....

....

Wem habe ich meine Tränen gezeigt?

....

....

Was hindert mich zu weinen?

....

....

Wenn jemand zu mir sagt: „Du bist ganz o.k.“, dann …

....

....

d) *Wofür kann ich Gott danken, wenn ich an mich selbst denke?*

Beispiel: „Ich danke dir dafür, daß ich wunderbar gemacht bin; wunderbar sind deine Werke; das erkennt meine Seele“ (Psalm 139, 14).

....

....

F. Ein Seminar nur für Angehörige von Suchtkranken

Peter Glöckl

Das Blaue Kreuz in Deutschland führt Seminare durch nur für Angehörige von Suchtkranken. Am ersten Seminar im Frühjahr 1994 beteiligten sich 50 Personen – 25 Erwachsene und 25 Kinder.

Warum ein Seminar nur für Angehörige?

In der Akutphase der Sucht dreht sich das Familienleben und somit auch das der Angehörigen oft um den bzw. die Suchtkranke(n): „Einer sorgt für das Chaos, ein anderer räumt es weg!"

Aber auch während der Zeit der ambulanten bzw. der stationären Therapie steht noch oft der bzw. die Suchtkranke im Mittelpunkt. Durch viele Gespräche mit Angehörigen und Betroffenen spürte ich einen wachsenden Bedarf an einem speziellen Seminar für Angehörige.

Inge (dieser und alle anderen Namen sind geändert) schildert ihre Eindrücke so: „Mein Mann kam völlig verändert von der Therapie zurück. Er hatte viel für sich gelernt, aber ich blieb mal wieder auf der Strecke."

Die Gefahren und schädlichen Folgen, die sich im und aus dem Zusammenleben mit einem suchtkranken Menschen für Partner, Kind, auch erwachsenes Kind, ergeben (Co-Alkoholismus!), werden in der Regel unterschätzt. Wer ständig einem starken psychischen Druck ausgesetzt ist bzw. sich aussetzt, fordert Höchstleistungen von seinem Immunsystem. Die Palette der psychosomatischen Krankheitsbilder weist ein großes Spektrum auf: Muskelverspannungen, Kopfschmerzen, Übelkeit, Eß- und Schlafstörungen, Magen-, Darm- und Gelenkschmerzen bis hin zur Erschöpfungsdepression und zu Selbstmord-Gedanken und -Versuchen.

Das Umdenken der Träger als Türöffner

Zu dem psychosomatischen Aspekt kommt noch der Gedanke der Prävention hinzu. Die Kinder der Suchtkranken von heute sind vielfach die Suchtkranken von morgen. „Betrachtet man die Herkunftsfamilie der Partner einer Alkoholikerfamilie, so ist eine Alkoholabhängigkeit weit verbreitet und wird höchstwahrscheinlich an die eigenen Kinder weitergegeben werden. So waren 52 % von befragten Alkoholikern selbst Kinder aus einer Alkoholikerfamilie, und 60 % der nicht alkoholkranken Frauen von Alkoholikern hatten einen alkoholkranken Vater" (Suchtgefahren 31,271 [1985]).

Damit die Kinder von heute nicht die Suchtkranken von morgen werden, muß es vermehrt Angebote zu einer Neuorientierung im Denken, Fühlen und Handeln der „großen und kleinen" Angehörigen kommen. Dieser Sichtweise scheinen sich auch zunehmend die Kostenträger anzuschließen, durch die ein solches Seminar finanziell unterstützt wird.

Gedanken in der Planungsphase

Für uns stand fest, daß dieses Seminar ohne Symptomträger – Abhängige – laufen soll, damit Angehörige von „nassen" und „trockenen" Suchtkranken die volle Aufmerksamkeit erhalten. Wir wollten ein Forum schaffen, in dem die eigenen Bedürfnisse sowie Talente und Gaben nicht mehr untergehen, denn sie sind wertvoll und wollen belebt, entwickelt und gefördert werden.

In diesem Forum sollte einerseits Raum sein, sich über den bisherigen Weg, die eigene Identität sowie das eigene Wollen verbal auszutauschen. Andererseits sahen wir durch den Einsatz praktischer, nonverbaler Elemente Chancen zu einer neuen bzw. wiederaufkeimenden Erfahrungswelt. Ebenso planten wir Zeiten ein für ganz praxisbezogene biblische Andachten, für Lebenszeugnisse und zur Seelsorge. Uns war deutlich geworden, daß hierfür ein großer Bedarf bestand. Und da wir zum andern selbst aus Gottes Kraft leben, wollten wir diese Erfahrungen anderen zugänglich machen.

Für die Kinder hatten wir in drei Altersgruppen besondere Programme vorbereitet.

Bald nach der Ausschreibung kamen die ersten Anmeldungen. Zunächst hatten wir in Anlehnung an unser früheres familienpädagogisches Projekt 30 Plätze reserviert. Diese waren schnell vergeben. Wir erweiterten auf 40, dann auf 50 Plätze, verstärkten unser Mitarbeiterteam auf insgesamt 5 Mitarbeiterinnen und Mitarbeiter und mußten weitere Bewerber auf das nächste Seminar verweisen.

Sag mir, wo die Männer sind!

Den Mut und den Willen, etwas für sich zu tun, brachten bei diesem Seminar nur Frauen auf, also erwachsene Töchter und Partnerinnen von Suchtkranken. Erstaunlich? Erwachsene Söhne von Suchtkranken gibt's viele, sie hielten sich noch zurück. Partner von suchtkranken Frauen haben oft ein anderes Selbst- und Rollenverständnis als Partnerinnen suchtkranker Männer.

Marianne sagt: „Ich glaube nicht, daß mein Mann das für mich jemals getan hätte, was ich für ihn getan habe – und das tut weh!"

Sag, wie geht's dir?

Bei der Einführung in das Seminar kommen wir auf Gefühle zu sprechen, und zwar auf die *eigenen*. „Wie es mir geht? Das darf ich dir gar nicht sagen", platzt es prompt aus Desiree heraus, „sonst fange ich sofort an zu weinen." Schweigen geht durch die Runde, in vielen Gesichtern sind Bände zu lesen: manche nicken solidarisch, andere lenken ihren Blick durchs Fenster hinaus ins Weite. Manche Frauen wirken hart und verbittert. Unter einem starken seelischen Druck stehen anfangs besonders die Angehörigen von „nassen" Suchtkanken.

Luise bricht in Tränen aus. Sie will sich nicht mehr zurückhalten, es muß raus. Sie schämt sich ihrer Tränen nicht. Luise: „Seit mein Mann so schlimm trinkt, weiß ich nicht mehr, was ich machen soll. Er ist zur Zeit zu einer Entgiftungsbehandlung im Landeskrankenhaus in X, aber da war er ja schon zweimal und dann ging's wieder los. Wenn er doch nur endlich aufhören würde ..."

Desiree wirft ein: „Und wie geht's *dir*?

„Ach, ich weiß es nicht. Wenn er jetzt noch die Arbeitsstelle verliert, dann geht's den Bach 'runter ..."

Schon beinahe penetrant kommt die Frage aus der Gruppe: „Und wie geht's *dir*, Luise?"

„Mir, ach, danach fragt doch keiner, das ist doch unwichtig."

Mit dieser Antwort spalten sich die Lager. Ein Stimmengewirr erfüllt den Raum: „Genau so sehe ich mich auch." – „So ein Schmarrn! Du mußt was für dich tun!" – „Ich kann das gut nachempfinden, immer für den anderen dazusein ..." – „Die ist doch selber schuld, warum spielt sie mit?"

Nachdem sich der Geräuschpegel wieder gesenkt hat, erzählt Manuela: „Meine Situation war ähnlich: Ich lebte nur für meinen Mann, dachte und sorgte nur für ihn, nahm ihm alles ab, damit ich ihm ja keinen Trinkanlaß gab. Dabei wurde ich immer unsicherer, ja, ich hatte mich wirklich vergessen. Manchmal funktionierte ich nur noch, für Gefühle war da kein Platz mehr, aber ich war innerlich leer. Dann suchte ich zaghaft Hilfe und ging in die Begegnungsgruppe vom Blauen Kreuz in S."

Desiree unterbricht sie wißbegierig: „Und, ist dein Mann trocken geworden?"

„Nein, bis jetzt nicht. Aber ich bin innerlich nicht mehr ausgetrocknet, mir geht's jetzt besser, und ich habe wieder richtig Anschluß gefunden."

Im Ansatz eigenverantwortlich und lösungsorientiert

Wie in den angeführten Gesprächsausschnitten angedeutet, fordert in Suchtfamilien die Aufrechterhaltung des

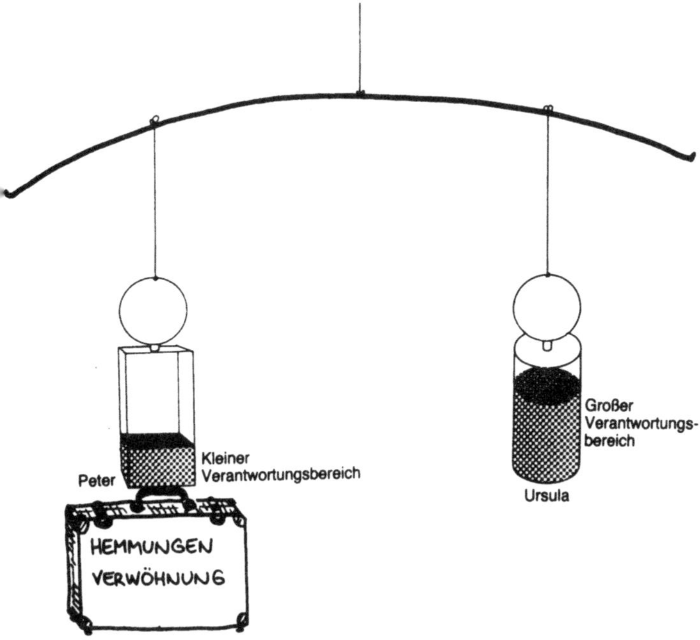

Die Verantwortung ist ungleich verteilt: Ursula übernimmt viel Verantwortung, um Peters Hemmungen und Verwöhnung „auszugleichen".

krankhaften Systems viel Energie. Das abgebildete Mobile macht deutlich: Es gibt eine innere Logik (Wenn – dann ...), die zwar die Balance gewährt, aber nicht zu Eigenverantwortung und einer befriedigenden Lösung aller Beteiligten führt.

In diesem Prinzip der Homöostase (Gleichgewicht) kreist das Denken und Handeln immer um denselben Zweck. Nur solche Zieldefinitionen und Hilfsversuche kommen in den Sinn und in Frage, die für ein besseres Funktionieren im Chaos bedeutsam erscheinen. Es geht an dieser Stelle nicht um das Erheben von Vorwürfen und um Schuldzuweisungen, sondern um Verständnis für die bisher unbewußt gebliebenen Regieanweisungen in Suchtfamilien.

Wer seinen Blick nur in das Dunkle richtet, wird nicht viele Farben sehen und daher seinen Alltag eher farblos gestalten. Deshalb baten wir die Teilnehmerinnen, ihren „Scheinwerfer" auf positive Bereiche im Hier und Jetzt – sprich im Seminar – zu richten. Mit der Frage: „Das Seminar wäre gut für mich, wenn …" setzten sich die Frauen zunächst allein, dann in Kleingruppen auseinander. Mancher Teilnehmerin fiel es schwer, eigene Erwartungen, Bedürfnisse, aber auch Maßstäbe für „gut, befriedigend bzw. mangelhaft" konkret zu nennen. Als im nächsten Schritt die Punkte gefragt waren, in denen die Teilnehmerinnen Klarheit gewinnen bzw. weiterkommen wollten, entstand zunächst ein Schwarzweiß-Bild. Für einige waren die nächsten Schritte klar, sie wußten, was sie wollten und anstrebten. Andere wußten, was sie nicht mehr wollten, was ihnen Not und Druck machte. Zwischen den Zeilen war der Wunsch nach Entlastung zu spüren.

Zu hören waren vor allem Anklage und Selbstmitleid, d. h. die Gedanken suchten wie gewohnt den Himmel nach Wolken ab und entfachten ein Gewitter, wie sie es wohl schon oft miterlebt haben.

Unwahrscheinlich groß schien die Macht der negativen Gedanken zu sein. Jahrelang trainiertes problembezogenes Denken wollte einem lösungsorientierten Ansatz nicht so einfach das Feld räumen.

Sag, warum bist du hier, du wirkst so stark?

Marion kann gar nicht verstehen, warum Christa an diesem Seminar teilnimmt. Christa ist adrett gekleidet, wirkt sympathisch, tritt sicher auf, findet schnell Kontakt zu den anderen Frauen und zu uns Mitarbeitern. In der Pause reißt ihr herzhaftes Lachen viele mit, in der Cafeteria hören die anderen ihr gespannt zu. Als sie von Marion gefragt wird, warum sie hier ist, senkt Christa ihren Blick. Das Lachen verstummt, das Strahlen verblaßt, die Stimme wirkt schwer beladen:

„Nein, ich bin nicht so stark. Das ist es eben. Ich wirke oft so, aber im Innern bin ich leer. Ich muß immer stark sein, das war schon früher so und erst recht heute." Christa schweigt, auch das steckt jetzt die anderen an. Ihre Hände ringen, ihre Gedanken und Gefühle wohl auch.

Dann fährt sie fort: „Ich kann nicht mehr. Ich habe alles versucht mit meinem Mann, aber er wird nicht trocken. Ich schaff' es nicht! Ich habe versagt." Ängstlich sieht sie in die Runde, wie jemand, der eine Strafe erwartet, dann vergräbt sie ihr Gesicht in den Händen.

Jetzt könnte man sagen, daß sie ihren „notwendigen Tiefpunkt" erreicht hat. Emotional war sie den anderen wohl noch nie so nahe. Spontan nimmt Marion sie in den Arm, was ihr vorher unmöglich gewesen wäre.

Sagt mir, wie komme ich aus dem Teufelskreis heraus?

Im tragischen Familienspiel Co-Alkoholismus wird mit vielen unbewußten Regieanweisungen – sprich Regeln – gearbeitet. In einer suchtbestimmten Familienstruktur, in

Verlauf der Alkoholkr
bei Abhä
Mitbet

Erläuterungen zu dem Schaubild

Beide Seiten sind in Pfeilrichtung zu lesen

Mit diesem Schaubild wird eine komplizierte Entwicklung in stark vereinfachter Form dargestellt. Die einzelnen Schritte müssen nicht zwangsläufig in der beschriebenen Reihenfolge ablaufen. Ein Ausstieg ist an jedem Punkt möglich, Rückschritte beim Genesungsprozeß kommen vor, führen jedoch nicht zwangsläufig auf den Nullpunkt zurück.
Das Schaubild soll vor allem deutlich machen, daß eine Abhängigkeit nicht auf den einzelnen beschränkt bleibt, sondern daß die Beziehungen zueinander davon betroffen sind. Verhaltensweisen können sich gegenseitig ergänzen und verstärken. Das Schaubild soll das Miteinander, Nebeneinander des Abhängigen und des Mitbetroffenen deutlich machen. Unter „Mitbetroffene" sind Eltern, Ehepartner, Kinder, Freunde, Kollegen und Vorgesetzte – also das gesamte soziale Umfeld – zu verstehen.

kheit und Genesung
igen und
ffenen

Durch das Schaubild wird auch deutlich, daß der Angehörige erst dann hilfreich wirken kann, wenn er sich nicht mehr nach außen krampfhaft um Harmonie und Ausgleich bemüht, sondern als selbständige Person handelt. Erst bei Eintritt in die Alkoholabstinenz und dem Ausstieg aus der „Co-Alkoholiker“-Rolle des Mitbetroffenen ist eine beiderseitige positive Entwicklung zu selbständigen Persönlichkeiten möglich. Diese Entwicklung verläuft beim Abhängigen und Angehörigen verschiedenartig.
Die dargestellte Entwicklung zeigt als positive Lösung eine neue gemeinsame Lebensform als Ziel der Entwöhnungs- und Familienbehandlung. Andere Wege und Lösungen sind denkbar und möglich. Bei Abhängigkeiten von anderen Suchtmitteln kann der Verlauf ähnlich sein.

der Gefühle ständig überraschenden Wechselbädern ausgesetzt sind, haben diese Regeln Überlebenswert. Obwohl diese Regeln kaum jemals als Leitsätze an die Familienmitglieder weitergegeben werden, beziehen sie ihre Macht und Bedeutung aus dem täglichen Vorleben und Mitmachen: Sie werden verinnerlicht. Die Regeln und die kritische Auseinandersetzung sind ausführlicher dargestellt auf Seite 46ff.

Zu den Ursachen der Co-Abhängigkeit:
Das „Co-Gen" kann gehen!

Immer wieder taucht der Gedanke auf, daß Suchterkrankung fast ausschließlich genetisch bedingt sei. Zahllose Versuche sollen dies belegen, andere Untersuchungen dienen der Widerlegung dieser These. Gibt es also auch ein Gen, das ahnungslose Menschen derart steuert, daß sie früher oder später zum bzw. zur Angehörigen eines suchtkranken Menschen werden?

Anhand von Fotos befaßten wir uns mit dem Rollenbild der Frauen in ihren Herkunftsfamilien und kamen über Großmutter und Mutter bis in die Gegenwart. Im Gespräch über die weiblichen Wurzeln in den Stammbäumen häuften sich Aussagen wie:

- Immer für die Familie dasein.
- Ordnung, Sauberkeit zählt.
- Erziehung ist Frauensache.
- Mit wem hätten wir denn damals reden sollen?
- Gefühle? Nein, so etwas gab es nicht. Meine Mutter verkaufte im Geschäft, da mußte sie immer freundlich sein.

- Daß sich meine Mutter Zeit für ein Hobby genommen hat ... nein ... ich glaube, sie hatte keins.
- Schon als Mädchen tat mir Papa leid, weil Mama ihn immer wegen des Trinkens so ausschimpfte. Als ich dann mit 18 Jahren ausziehen wollte, flehte Papa mich an: „Kind, geh nicht weg, sonst läßt Mutter alles an mir aus!“

In Petra arbeitet es sichtlich: „Ich habe mich angemeldet, weil mein Mann trinkt, aber jetzt sehe ich, es geht um mich.“ Vieles wird für sie neu durch die Referate und die Gruppe: Als Tochter einer dominanten Mutter kämpfte sie immer gegen sie, lehnte sie ab. Heiraten wollte sie nicht, denn die Ehe der Eltern war eine Tragödie. Später, beim Spaziergang, sieht sie in den Spiegel ihrer eigenen Ehe und erschrickt: „Ich bin ja wie sie! Wie komme ich da raus?“

Genetisch gesehen gibt's wenig Chancen aus der Co-Abhängigkeit heraus. Aber wer auf mögliche Lösungen zugeht, wird im Denken und Handeln Wachstumsschritte tun können. Und die Seelsorge kann zu einer geistlichen Erneuerung helfen.

Nach einer Gesprächspause fährt Petra fort: „Ich muß dir sagen, bisher habe ich über die naiven Christen nur geschmunzelt und Witze gemacht, aber jetzt beneide ich sie.“

Sag, wer bist du?

An vielen Tischen sitzen jeweils einige Frauen, ausgerüstet mit Papier und Stiften. Ein afrikanisches Märchen hilft uns, der Frage der Identitätsentwicklung nachzugehen. Die Teilnehmerinnen malen die Situation, von der sie sich durch das Märchen besonders angesprochen fühlen.

Es ist oft erstaunlich, wie treffend und eindrücklich nun die Frauen Zusammenhänge, Hindernisse und Hilfestellungen benennen können. Bei einigen entsteht der Eindruck, daß sie über sich selbst hinauswachsen und ihr „Spiel“ durchschauen.Brigitte, die dem Malen zunächst skeptisch gegenüberstand, sagte anschließend: „Jetzt ist es mir klar. Ich habe mich immer an andere gehängt, wollte gebraucht werden. Das Alleinsein fällt mir noch schwer ... wenn ich das Bild betrachte.“

„Ich muß euch etwas sagen!“

Im Abschlußgottesdienst hatte jede Teilnehmerin die Gelegenheit, Zeichen zu setzen. Wer neue Hoffnung bekommen hatte, zündete eine Kerze an. Wer sich innerlich von einer Last befreit fühlte, nahm einen Stein und legte ihn in die Mitte. Manche gaben erklärende Worte zu den symbolischen Handlungen. Andere nutzten die „Klagemauer“, um einen Zettel mit ihren Sorgen dort anzuheften. Wieder andere suchten die Stille oder das Gespräch mit Gott.

Was ist geblieben?

Etwa drei Monate nach dem Seminar haben wir alle Teilnehmerinnen angeschrieben und nach dem heutigen Stand gefragt, da eine schöne, innige Seminaratmosphäre und der Alltag zweierlei sind. Nicht alle antworteten.

Marina stellte fest: „Gut gelungen ist mir,

- daß ich versuche, etwas zu verändern,
- daß ich weniger mache, was andere von mir wollen,
- daß ich auch danach frage, was ich will.“

Gabriele faßte zusammen: „Hilfreich war damals im Seminar für mich, daß ich zu nichts gezwungen wurde und vollkommen frei entscheiden konnte, was ich zulassen wollte und was nicht. Heute treffe ich Entscheidungen klar und sage häufiger nein. Wenn ich etwas nicht möchte, mache ich es auch nicht. Ich will selbst leben und mich nicht leben lassen.“

Kinder und Jugendliche im Angehörigenseminar

Bisher war nur von den Partnerinnen und erwachsenen Töchtern von Alkoholabhängigen die Rede. Zum Schluß soll noch ein Blick in die Arbeit mit Kindern und Jugendlichen während des Angehörigenseminars folgen.

„Darf ich mal probieren?“

Mit großen Augen schaut Klaus (dieser und alle anderen Namen sind geändert) auf den Sprung-Bock in der Turnhalle.

„Da komm' ich ja nie drüber!“ platzt es aus ihm heraus.

„Das glaube ich nicht!“ macht ihm die Mitarbeiterin Mut, „wir helfen dir.“

Klaus geht auf Distanz, die Aufgabe scheint ihm zu schwer zu sein, das Hindernis zu groß, der Glaube an sich und die Hilfestellung zu klein.

Als er aber sieht, wie Karin elegant abhebt und tatsächlich landet, kommt er wieder.

„Darf ich mal probieren?“ Klaus steigert sich von Mal zu Mal, der Zuspruch hat ihm Mut gemacht, die positive Erfahrung bestätigt ihn.

„Das hast du aber gut gemacht!“ lobt ihn Melanie so laut, daß es viele Kinder hören. Aber Klaus sagt: „Wie bitte?“ Melanie wiederholt laut das Lob für den Kleinen, der es aufsaugt, als ob er am Verdursten wäre. Wie lange mag er kein Lob mehr bekommen haben, daß er so danach dürstet?

Fehlt auf Dauer das Lob, dann schwindet auch die Lust. Kleine Gesten der Anerkennung bringen Schwung und heben das Selbstwertgefühl.

„Sagt mal, was macht ihr so den ganzen Tag?“

Dies war der Kernsatz eines Anspiels, das die Jugendlichen mit Unterstützung der Betreuerinnen selbst getextet und inszeniert hatten. Kein Bock auf Schule und Ausbildung, Ärger mit den Eltern, eine lähmende Langeweile im Bauch und keine Ideen im Kopf.

Anna: „Aushalten kannst du das nur in der Clique – am Morgen ein Joint und der Tag ist dein Freund!“

Kinder von Suchtkranken greifen überdurchschnittlich oft wieder zu schädlichen Stoffen mit ähnlichem Erfolg. Manche hassen den Alkohol, der ihre Familie zerstört hat. Sie haben sich geschworen, nie einen Schluck zu trinken. „Aber bei Winnies Geburtstagsfete ist es dann doch passiert“, erzählt Gerd, „ich war mächtig angetörnt!“

Im Anspiel wurde klar: Wer zur Quelle kommen will,

darf sich nicht im Strom treiben lassen. Wer weiterkommen, sich entwickeln und sein Leben positiv gestalten will, findet z. B. in den Kinder- und Jugendgruppen, in den Freizeiten mit dem Blauen Kreuz Menschen, die es wagen, aus dem Trott auszubrechen, die es wagen, über sich zu sprechen und Gefühle zu zeigen.

Martina stellt fest: „Ich hatte nie gedacht, daß ich so aggressiv werden kann ... Ich glaube, ich hab' bisher alles für mich behalten und geschluckt. Theaterspielen ist einfach toll!“

Beten? Nein, danke!

Günter (16 Jahre) ist empört: „Ich leiere doch kein Gebet runter, das habe ich nicht nötig, so ein Quatsch!“ Manfred sieht sich unsicher um: „Was ist das eigentlich – Beten?“

Eine Mitarbeiterin erzählt aus ihrem Leben, aus den Tagen, wo sie sich nicht mochte. Damals war sie fertig mit sich und den anderen. Im Gebet brachte sie das zu Jesus, aber der durchschlagende Erfolg war es nicht. Nein, Frust machte sich breit. Eine Freundin hatte sie angesprochen, ihr klagte sie ihr Leid. Die Freundin hörte zu, stellte Verständnisfragen und bot konkretes Gebet an. Einverstanden. Ihre Seele bekam neue Kraft, so daß sie wieder offen für Begegnungen mit anderen wurde.

Kaum hatte die Mitarbeiterin geendet, da platzte es aus Karin heraus: „Das möchte ich auch erleben!“ Ernst und konkret brachten die Kinder in ihrer Sprache das im Gebet zum Ausdruck, was ihnen wichtig war. Günters Augen waren naß: „So etwas habe ich noch nicht erlebt, daß jemand für mich betet ...“

Weitere Bücher aus den Blaukreuz-Verlagen Wuppertal und Bern

Christina Parker

Ich weiche nicht mehr aus

Leben mit einem alkoholabhängigen Partner
Paperback, 144 S., z. Z. DM 19,80/öS 155,–/sFr 20,–

Partner von Suchtkranken sind oft in ihrem Selbstwertgefühl erschüttert und sehen keinen Ausweg. Die Autorin beantwortet aus eigenem leidvollem Erleben die verzweifelten Fragen der Mitbetroffenen. Eine Angehörige: „Dieses Buch ist das Beste, was ich bisher gelesen habe. Mit jedem Satz kann man etwas anfangen.“.

Karl Lask

Wir brechen das Schweigen

Kinder von Alkoholabhängigen wecken Hoffnung
136 S., Pb., Illustr., z. Z. DM 19,80 / öS 155,–/ sFr. 19,80

Kinder aus Familien mit einer Suchtproblematik durchbrechen ein weitverbreitetes Tabu und berichten offen über ihr leidvolles Erleben. Die Kommentare des Autors, der jahrzehntelang intensiv mit Familienangehörigen gearbeitet hat, ermutigen Jugendliche, Eltern und Angehörige, über Gefährdungen nachzudenken und ihnen entgegenzuwirken.

Karl Lask

Der Kuß der Selene

Frauen von Alkoholabhängigen machen Mut
2. Aufl., 128 S., Pb., Illustr., z. Z. DM 19,80 / öS 155,–/ sFr. 20,–

„Ach, was müssen Sie glücklich sein, daß Ihr Mann nicht mehr trinkt!“ ist nur zu oft eine irrige Annahme. Denn trotz der Abstinenz des Partners kann es handfeste Probleme geben, die der Bearbeitung bedürfen. Die ergreifenden Berichte sind insbesondere dadurch wertvoll und hilfreich, daß sie aus dem persönlichen Erleben aufzeigen, wie diese Nöte überwunden werden können.

Weitere Bücher aus den Blaukreuz-Verlagen Wuppertal und Bern

Ingrid Arenz-Greiving

Die vergessenen Kinder – Kinder von Suchtkranken

3. Auflage, Geheftet, 40 S., z. Z. DM 6,80 / öS 53,–/ sFr. 6,80

Fachleute beschreiben die Lebenswelt und Probleme der betroffenen Kinder und Jugendlichen. Damit vermitteln sie Impulse für Helfer, ihnen menschlich zu begegnen und sie auf dem Weg zu einer gesunden Entwicklung zu begleiten.

Tom Klaus

Wenn Vater zuviel trinkt

Neue Perspektiven für junge Leute und ihre Helfer
Paperb., 104 S., Illustr., z. Z. DM 17,80 / öS 139,–/ sFr. 18,50

Der Autor stammt selbst aus einer Alkoholikerfamilie. Er beschreibt anhand vieler Fallbeispiele die Regeln und Rollen, die in einer Alkoholikerfamilie unbewußt gelten. Für die betroffenen jungen Leute entfaltet er zahlreiche Verhaltensmöglichkeiten, die Heilung versprechen. Eine gute Orientierung auch für Angehörige und Helfer.

Arline Westmeier

Die verletzte Seele heilen

Gesundung durch Seelsorge
– mit Fallbeispielen und Illustrationen –
5. Aufl. 1995, Pb., 120 S., z. Z. DM 18,80 / öS 147,–/ sFr. 19,–

Viele Menschen haben seelische Verletzungen verdrängt. An zahlreichen Beispielen macht die Autorin deutlich: Es gibt Befreiung von der belastenden Vergangenheit. Ein evangelikales Magazin schreibt: „...meine Freundin ist Mitte 20 und ein durch und durch kaputter Typ. Ihre Meinung: Ein Buch, das Mut macht.“